U0479864

孕期胎教手指操

董 颖 ○ 主编

吉林科学技术出版社

图书在版编目（CIP）数据

孕期胎教手指操 / 董颖主编. — 长春：吉林科学技术出版社，2014.3
ISBN 978-7-5384-7469-5

Ⅰ.①孕… Ⅱ.①董… Ⅲ.①胎教－基本知识 Ⅳ.①G61

中国版本图书馆CIP数据核字（2014）第041271号

孕期胎教手指操
Yunqi Taijiao Shouzhicao

主　　编	董　颖						
编　　委	朱家乐	石　榴	刘晓晖	刘润钢	张建梅	唐晓磊	汤来先	白　虎
	吕巧玲	贲翔南	赵桂彩	陈　振	雷建军	李　平	李少聪	李　霞
	谢　勇	周　亮	刘　娟	时　霞	马牧晨	韶　莹	赵　艳	石　柳
	戴小兰	李　青	李文竹	周　利	张　苗	张阳	黄　慧	范　铮
	邹　丹	曹淑媛	陆　林	王玉立	陈　莹	周　宏	李志强	易志辉
	康　儒	盛　萍	周　密	董　梅	彭琳玲	王玲燕	李　静	秦树旺
	陈　洁	吴　丹	蒋　莲	易姗姗	柳　霞	尹　丹	陈　俪	贺　琼
	胡永济							

儿歌编写　杨　英
出 版 人　李　梁
责任编辑　端金香
开　　本　880mm×1230mm　1/20
字　　数　120千字
印　　张　9
印　　数　1—10000册
版　　次　2014年5月第1版
印　　次　2014年5月第1次印刷

出　　版　吉林科学技术出版社
发　　行　吉林科学技术出版社
地　　址　长春市人民大街4646号
邮　　编　130021
发行部电话/传真　0431-85635177　85651759　85651628
　　　　　　　　　85635181　85600611　85635176
储运部电话　0431-86059116
编辑部电话　0431-85642539
网　　址　www.jlstp.net
印　　刷　长春第二新华印刷有限责任公司

书　　号　ISBN 978-7-5384-7469-5
定　　价　39.90元
如有印装质量问题　可寄出版社调换
版权所有　翻印必究　举报电话：0431-85642539

前 言

当怀孕的消息降临到家里的时候,这个突如其来的幸福会让您手足无措吗,会突然激发您蕴藏多年的母爱吗?我要先做什么,我以后要如何安排生活……这些看似小事、却是大事的问题,突然占满了整个脑袋。

别人都说怀孕了要听胎教音乐、要看胎教名画、要阅读优美的散文诗歌、要给宝宝唱儿歌和讲童话故事、要玩益智游戏……是啊,孕期要做的事情好多好多,但是我想告诉您,作为妈妈,无论您为自己孩子做多少事情,每一件事情都是幸福的、开心的。

所以不要惧怕孕期,这是上帝给每个女人的福利,让每个女人都有个依赖自己的人。被依赖的感觉是多么美好,只有妈妈知道。所以,在您听了音乐、看了名画、做了游戏之后,我想告诉您,运动运动您的手指也是非常必要的孕期行为。

这不是在给您找麻烦,也绝不是为了做书而敷衍您。早有实证!手指操对于强化提升脑力、预防失智症有着惊人的效果!父母都希望自己的孩子是最聪明的,也都在致力于寻找更有效的开发智力的方法。但是我想和您说,手指操是胎教的一个实操方法,简单、易行,也将妈妈和宝宝十指相连。"玩"是宝宝生命中最重要,也是他最感兴趣的事之一,而手是他最好的"玩具"。孕妈妈每天锻炼手指,也是与宝宝交流和游戏的过程。妈妈玩一玩,宝宝也玩一玩。

手指操就像其他胎教方法一样,是传递爱的方式。跟随孕妈妈的脚步,等待一个快乐、幸福的小人儿的降临,度过甜蜜的孕期亲子时光吧!

目录

数星星 / 10

小动物乐园 / 12

大苹果 / 14

手指点点 / 16

小乌龟 / 18

织毛衣 / 20

毛毛虫宝宝要睡觉 / 22

一家人 / 24

吃香蕉 / 26

燕子妈妈和燕子宝宝 / 28

小饭盒 / 30

我有一双小小手 / 32

贪吃的小猪 / 34

葡萄娃娃 / 36

荷 塘 / 38

睡懒觉的小花猫 / 40

啄木鸟 / 42

春天来了 / 44

生活多美好 / 46

动物乐队 / 48

悄悄话 / 50

月亮船 / 52

开门操 / 54

可爱的小动物 / 56

小熊爬山坡 / 58

小猴交朋友 / 60

黄老先生有块地 / 62

虫虫飞 / 64

快乐的小鸟 / 66

孔　雀 / 68

永远是一家 / 70

一二三四五 / 72

大海真奇妙 / 74

轱辘轱辘绕 / 76

甜甜话 / 78

数九歌 / 80

礼貌歌 / 82

白云飘飘 / 84

信的旅行 / 86

五个手指是一家 / 88

数鸭子 / 90

看大戏 / 92

看弟弟 / 94

打　鼓 / 96

小蚂蚁搬大虫 / 98

蒲公英 / 100

看着容易做着难 / 102

小 鸡 / 104

哄妞妞 / 106

四季歌 / 108

我爱我家 / 110

梅花朵朵开 / 112

健康操 / 114

摇到外婆桥 / 116

照 相 / 118

包饺子 / 120

做汤圆 / 122

小桌子 / 124

喂老猫 / 126

小花猫照镜子 / 128

手指兄弟 / 130

小手变魔术 / 132

郊 游 / 134

找朋友 / 136

企 鹅 / 138

小宝宝睡觉 / 140

天气哥 / 142

大瀑布 / 144

幼儿园是我家 / 146

小刺猬理发 / 148

袋　鼠 / 150

金锁银锁 / 152

我和妈妈的手 / 154

玩皮球 / 156

好孩子起得早 / 158

妈妈爱唱歌 / 160

捶捶背 / 162

牵牛花 / 164

百花开 / 166

种　豆 / 168

好朋友 / 170

三只熊 / 172

秋风来 / 174

藏猫猫 / 176

数星星

天上星星眨眼睛，
闪闪亮亮放光明。
一颗两颗三四颗，
数来数去数不清。
宝宝笑笑他也笑，
宝宝走走他也走。

手指操 **数星星**

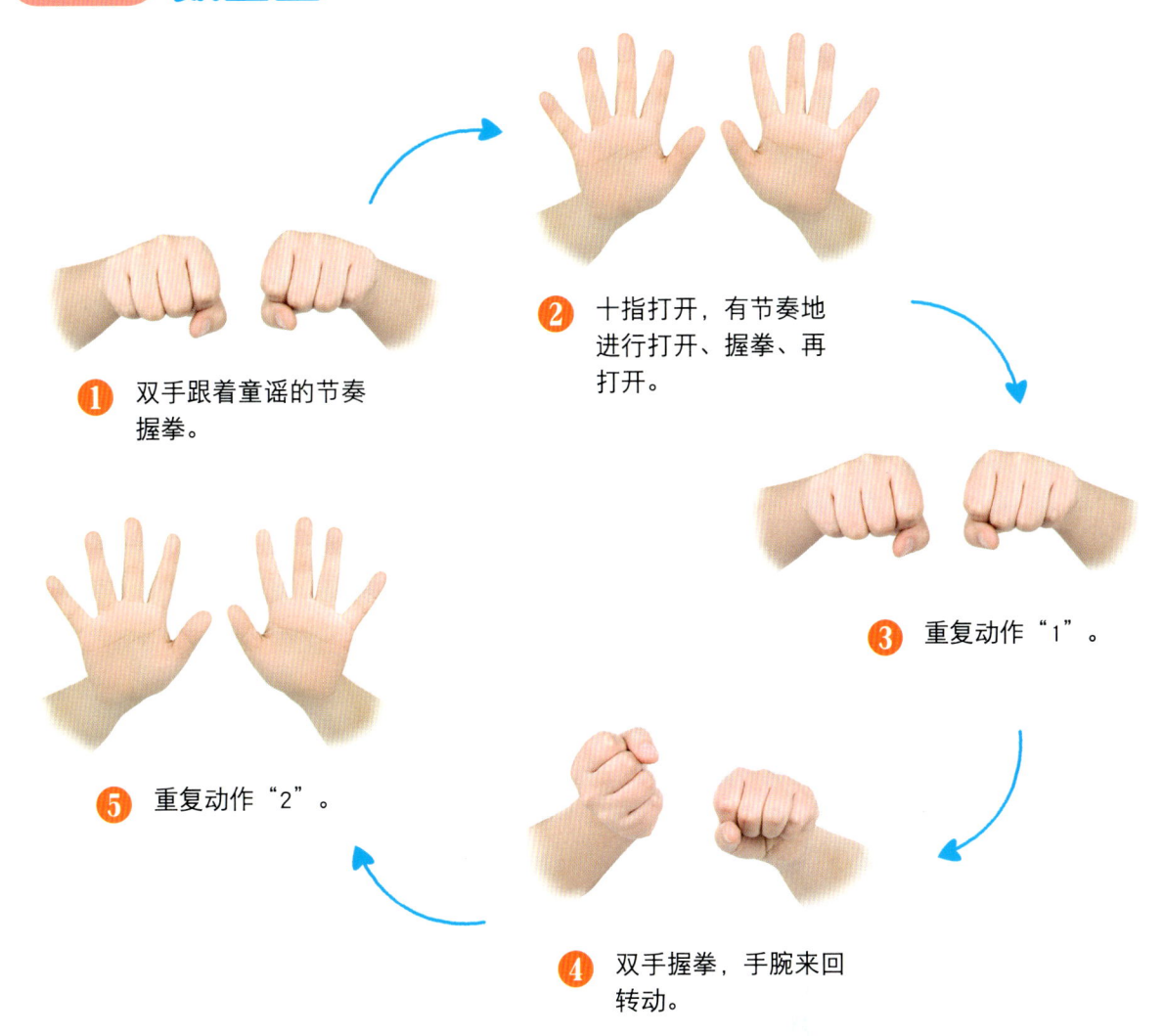

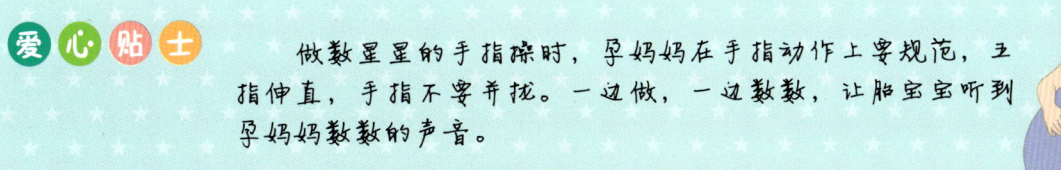

① 双手跟着童谣的节奏握拳。

② 十指打开,有节奏地进行打开、握拳、再打开。

③ 重复动作"1"。

④ 双手握拳,手腕来回转动。

⑤ 重复动作"2"。

爱心贴士 做数星星的手指操时,孕妈妈在手指动作上要规范,五指伸直,手指不要并拢。一边做,一边数数,让胎宝宝听到孕妈妈数数的声音。

小动物乐园

你拍一,我拍一,两只小鸡叫叽叽。
你拍二,我拍二,大兔小兔一起跳。
你拍三,我拍三,麻雀麻雀飞呀飞。
你拍四,我拍四,邻家小狗汪汪叫。
你拍五,我拍五,乌龟乌龟爬山走。

手指操 小动物乐园

① 双手示指伸出，示指相对成小鸡嘴状。

② 双手示指、中指伸直其余手指握拳，左右摇晃手指。

③ 双手拇指、示指和中指伸出，拇指相碰，上下摇晃。

④ 双手拇指放在手心，其余四指伸开作小狗状。

⑤ 双手五指伸开，五指尖相对成龟爬状。

爱心贴士 勾勾手指、弯弯手指就能做出各种小动物的形状，手指操真的非常适合孕妈妈活动手指。孕妈妈活动手指，胎宝宝的头脑也跟着聪明起来。

大苹果

大苹果，红苹果，
我的脸蛋像苹果。
红苹果，有营养，
我最爱吃大苹果。
舔一下，尝一口，
就像妈妈在亲我。

手指操 大苹果

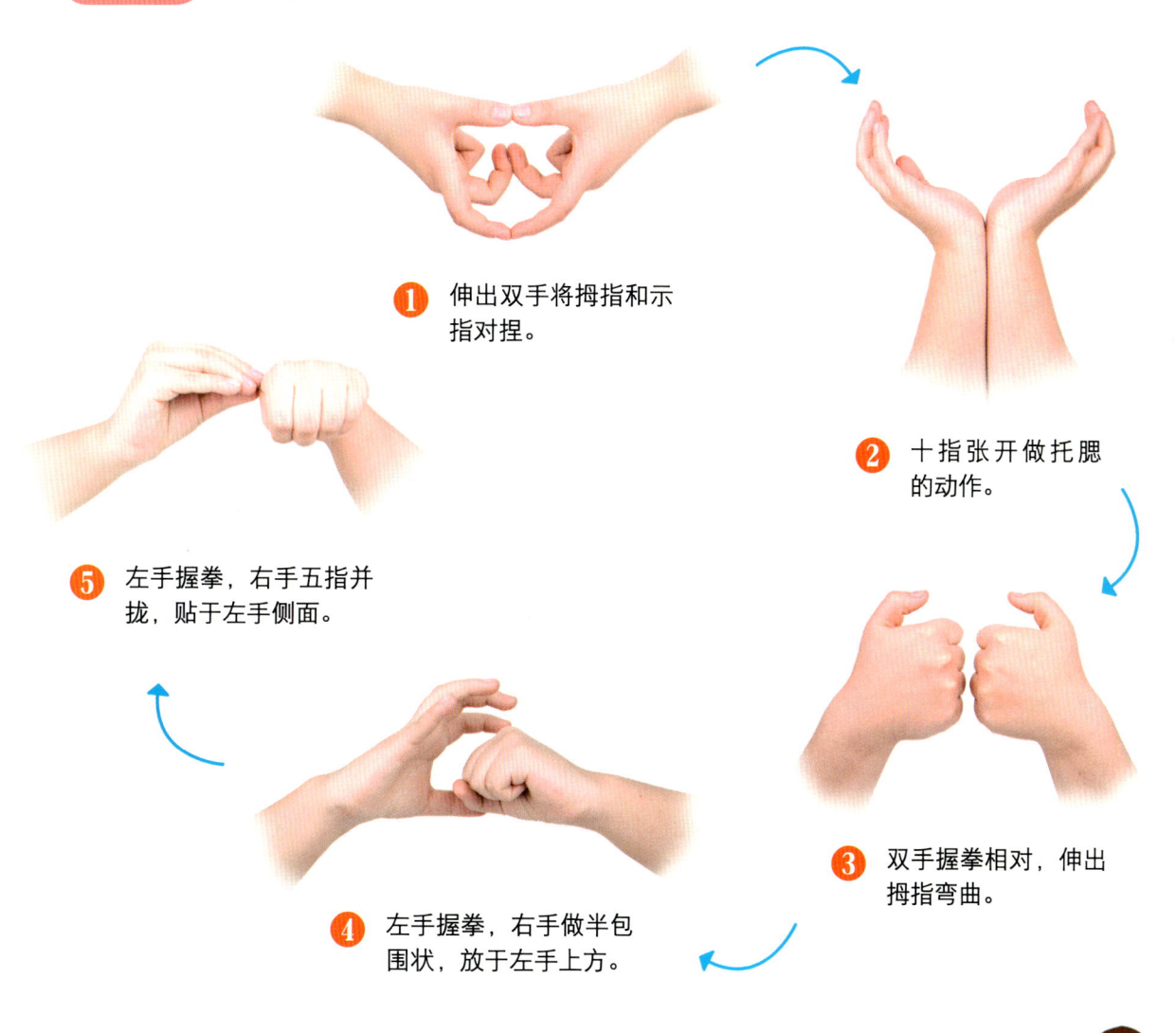

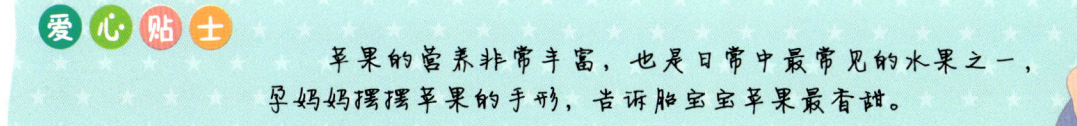

① 伸出双手将拇指和示指对捏。

② 十指张开做托腮的动作。

③ 双手握拳相对,伸出拇指弯曲。

④ 左手握拳,右手做半包围状,放于左手上方。

⑤ 左手握拳,右手五指并拢,贴于左手侧面。

爱心贴士

苹果的营养非常丰富,也是日常中最常见的水果之一,孕妈妈摆摆苹果的手形,告诉胎宝宝苹果最香甜。

手指点点

两只手指平平,
两只手指点点,
两只手指竖竖。
再来一遍,
两只手指点点,
一只手指转圈,
两只手指转圈。

手指操 **手指点点**

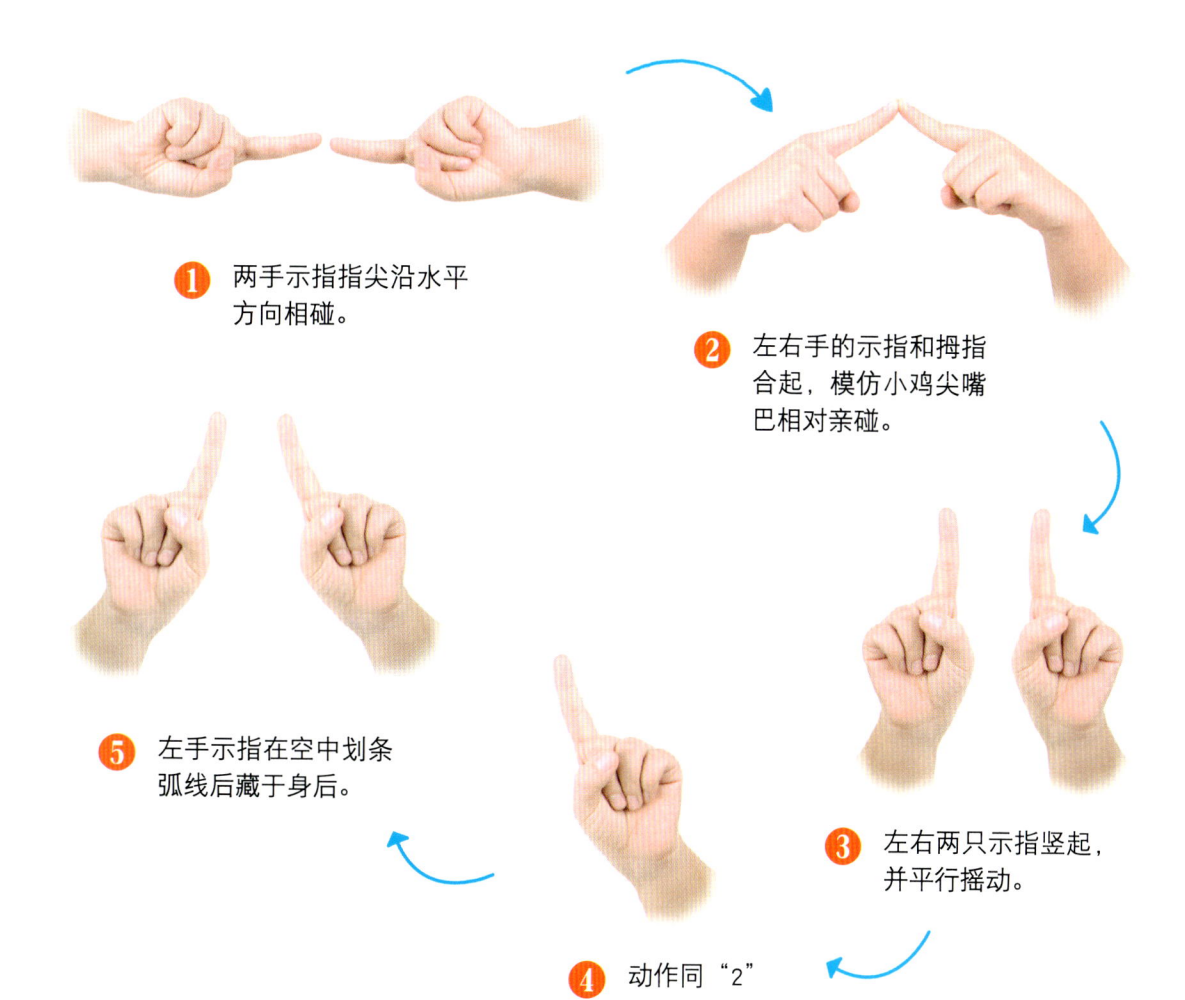

① 两手示指指尖沿水平方向相碰。

② 左右手的示指和拇指合起,模仿小鸡尖嘴巴相对亲碰。

③ 左右两只示指竖起,并平行摇动。

④ 动作同"2"。

⑤ 左手示指在空中划条弧线后藏于身后。

爱·心·贴·士

双手互相协调的动作,有助于孕期提升孕妈妈的反应灵敏度,也会对胎宝宝的智力发育有益。

17

小乌龟

腿短头小脖子长,
身上背着大硬壳。
随时准备藏起来,
长命百岁他最强。

手指操 小乌龟

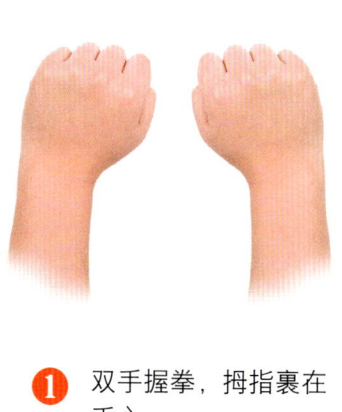

❶ 双手握拳，拇指裹在手心。

❷ 双手握拳，右拳放在左手手背上，左手伸出示指和中指。

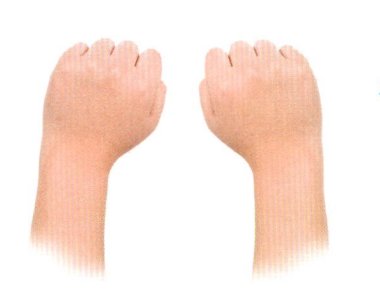

❸ 拇指再缩进去。

❹ 把拇指伸出。

爱心贴士

勤握手，能够促进血液的循环，提升孕妈妈的力量感。所以孕妈妈应该每天早晚各做一次手指操。

织毛衣

长长的毛线卷成球，
小小的钩针把它缠。
一针针毛线变成衣，
小宝宝穿上毛线衣。

手指操 织毛衣

① 将双手手指交叉合拢，拇指向上伸出。

② 手指保持弯曲，手掌向两侧分开。

③ 依次将小指、无名指、中指、示指交叉握住。

④ 双手握住后将拇指按在示指上。

爱心贴士

人类的双手是了解世界的重要工具，孕妈妈的触摸和动作使胎宝宝也跟着活动起来了。

毛毛虫宝宝要睡觉

太阳下山,星星眨眼,月亮婆婆,笑弯了腰。毛毛虫宝宝快快睡觉。妈妈亲亲,妈妈抱抱,妈妈呀给宝宝唱歌谣。风不再吹,云不再飘,蓝蓝的天空,静悄悄。毛毛虫宝宝快快睡觉。妈妈亲亲,妈妈抱抱,妈妈呀给宝宝唱歌谣。

手指操 毛毛虫宝宝要睡觉

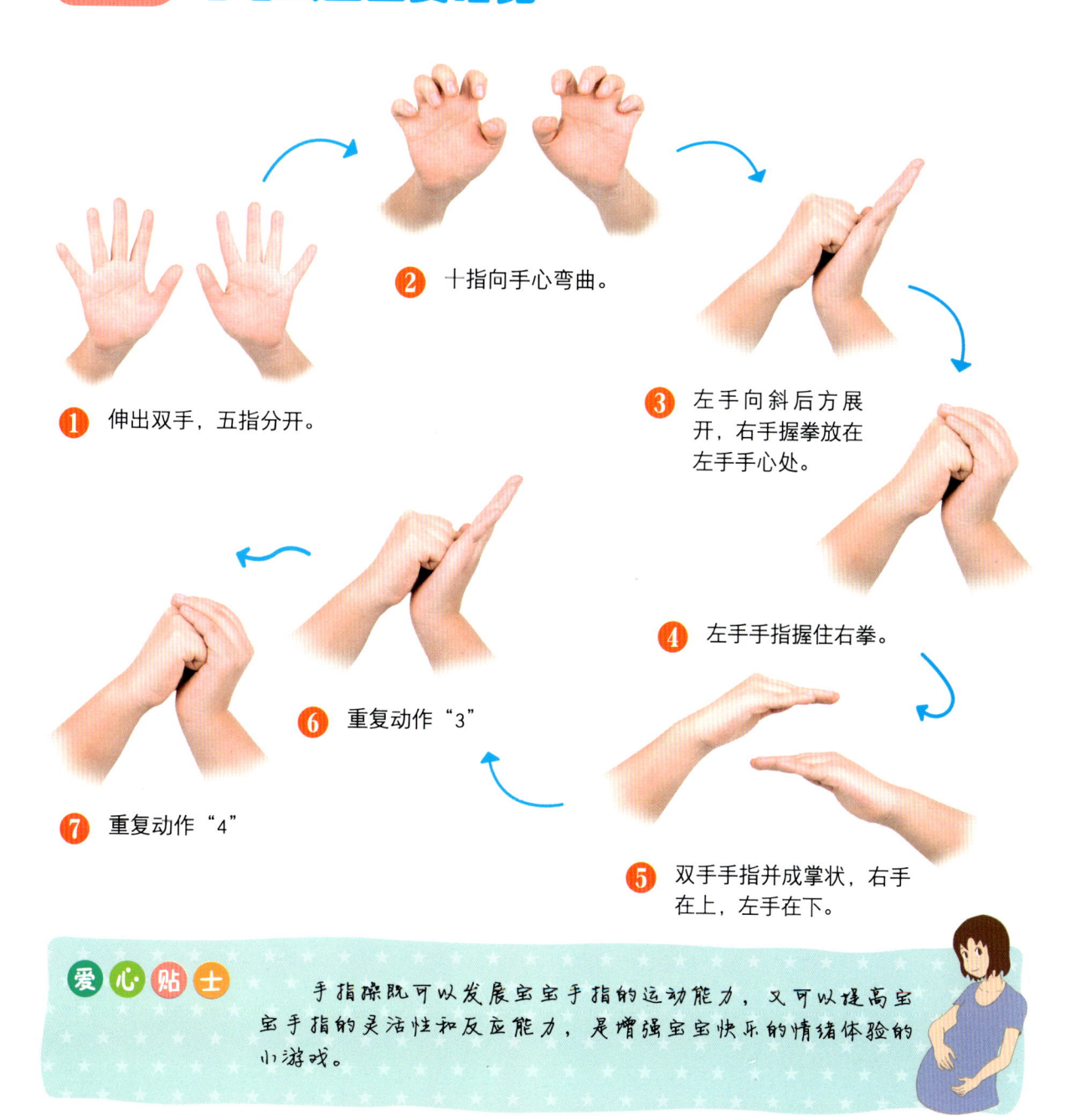

1. 伸出双手，五指分开。
2. 十指向手心弯曲。
3. 左手向斜后方展开，右手握拳放在左手手心处。
4. 左手手指握住右拳。
5. 双手手指并成掌状，右手在上，左手在下。
6. 重复动作"3"。
7. 重复动作"4"。

爱心贴士

手指操既可以发展宝宝手指的运动能力，又可以提高宝宝手指的灵活性和反应能力，是增强宝宝快乐的情绪体验的小游戏。

一家人

爸爸在这边，
妈妈在旁边，
妈妈洗衣服，刷刷刷。
妈妈旁边是哥哥，
哥哥打篮球，嘭嘭嘭。
哥哥旁边是姐姐，
姐姐在跳舞，哒哒哒。
最矮最小就是我，
我在吹小号，嘟哒哒。

手指操 一家人

❶ 伸出左手，手心向下，右手握拳放于左手手背之上。

❷ 左手握拳，右手张开放在左手上。

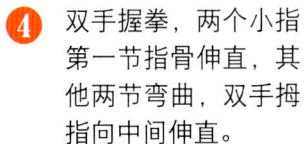

❸ 左手手心向上张开，右手拇指外展，示指放于左手手心处。

❹ 双手握拳，两个小指第一节指骨伸直，其他两节弯曲，双手拇指向中间伸直。

爱心贴士 大脑的灵活性与手指的灵巧性密切相关。管理一根手指活动的大脑皮质区域，要比管理一条大腿的区域大十多倍，孕妈妈经常利用手指从事灵巧、精细动作，可以提高大脑的活跃度。

吃香蕉

我的名字叫香蕉
中间弯弯像小船，
剥开肚子白又白。
咬上一口香又甜，
妈妈宝宝都爱吃。

手指操 **吃香蕉**

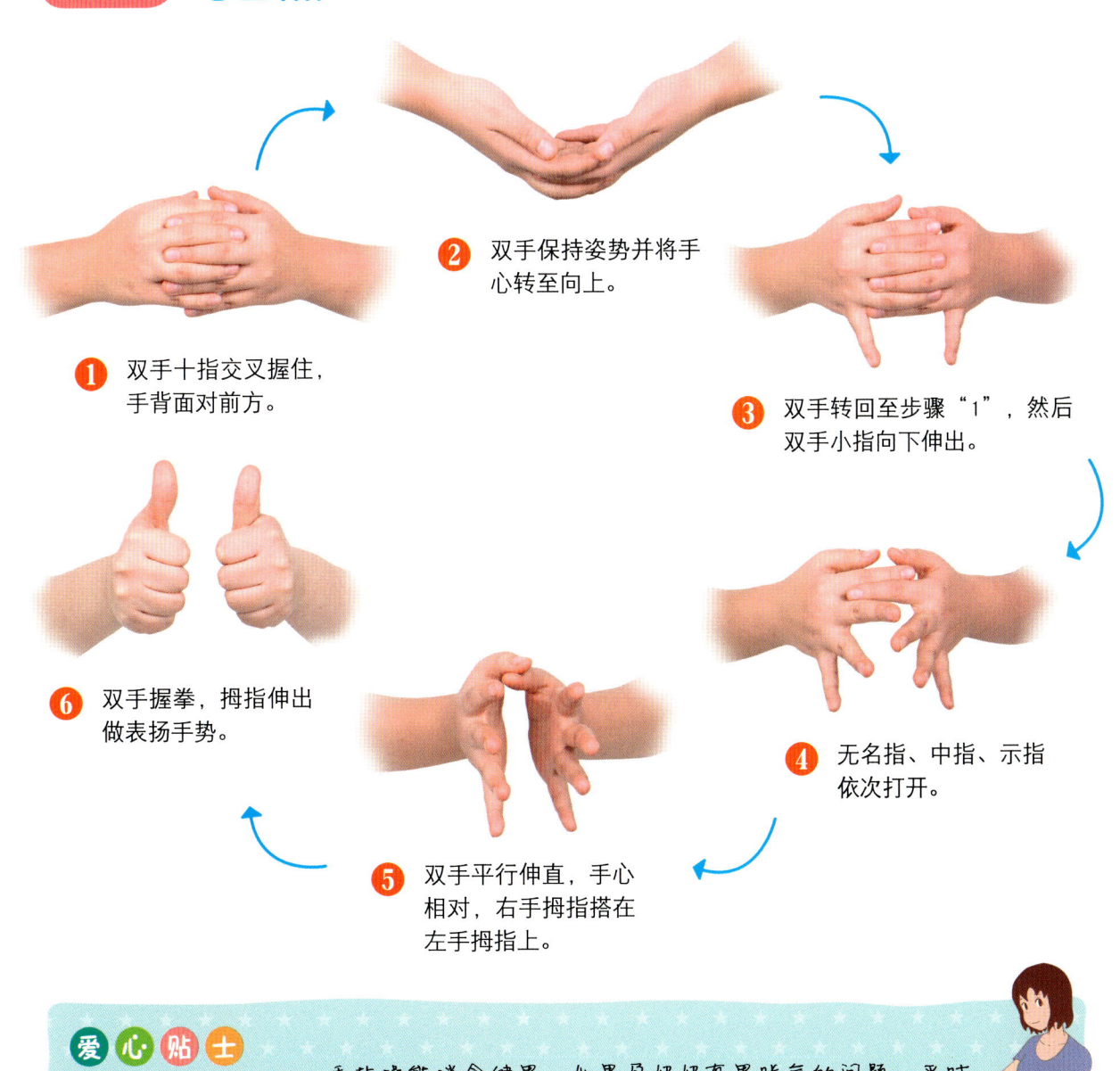

❶ 双手十指交叉握住，手背面对前方。

❷ 双手保持姿势并将手心转至向上。

❸ 双手转回至步骤"1"，然后双手小指向下伸出。

❹ 无名指、中指、示指依次打开。

❺ 双手平行伸直，手心相对，右手拇指搭在左手拇指上。

❻ 双手握拳，拇指伸出做表扬手势。

爱心贴士

手指操能消食健胃，如果孕妈妈有胃胀气的问题，平时就要多做做手指操。

燕子妈妈和燕子宝宝

燕子妈妈飞飞，
燕子宝宝追追。
燕子妈妈捉小虫，
燕子宝宝吃小虫。
燕子妈妈盖新房，
燕子宝宝住新房。
燕子妈妈爱宝宝，
燕子宝宝爱妈妈。

手指操 燕子妈妈和燕子宝宝

① 双手拇指相扣，其余四指向两侧张开。

② 双手示指，拇指捏合相对，其余手指向上展开。

③ 双手手心向下，手指并拢，中指相对，搭成屋顶状。

④ 双手手腕相贴，中指相对，五指合并，手指呈空拳状。

爱心贴士

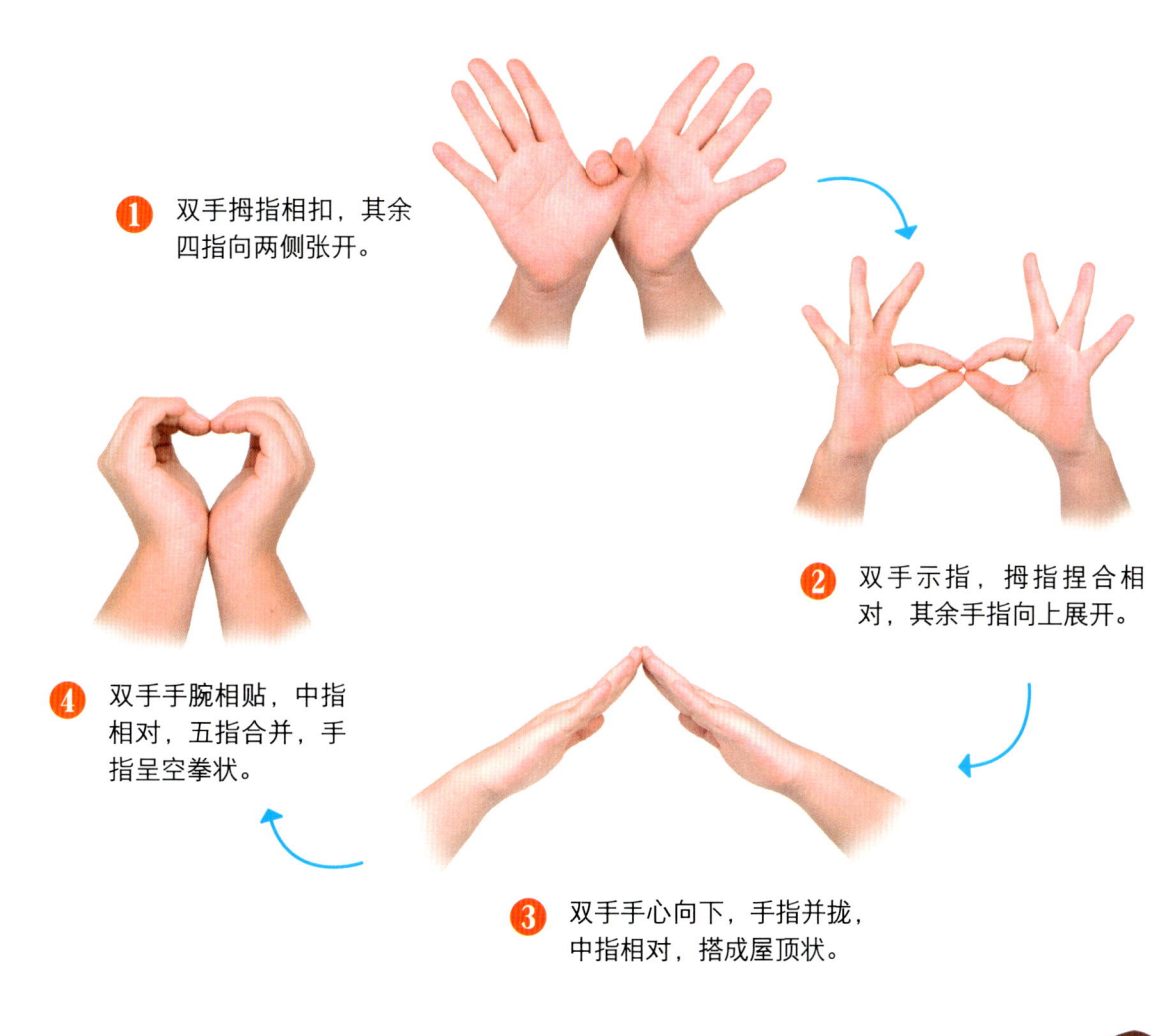

著名教育家苏霍姆林斯基曾说："儿童的智慧在他的手指尖上。"

29

小饭盒

小饭盒，热乎乎，
米饭、肉肉和蘑菇，
妈妈做的真正香，
一勺一勺吃进口，
我是妈妈的乖宝宝。

手指操 小饭盒

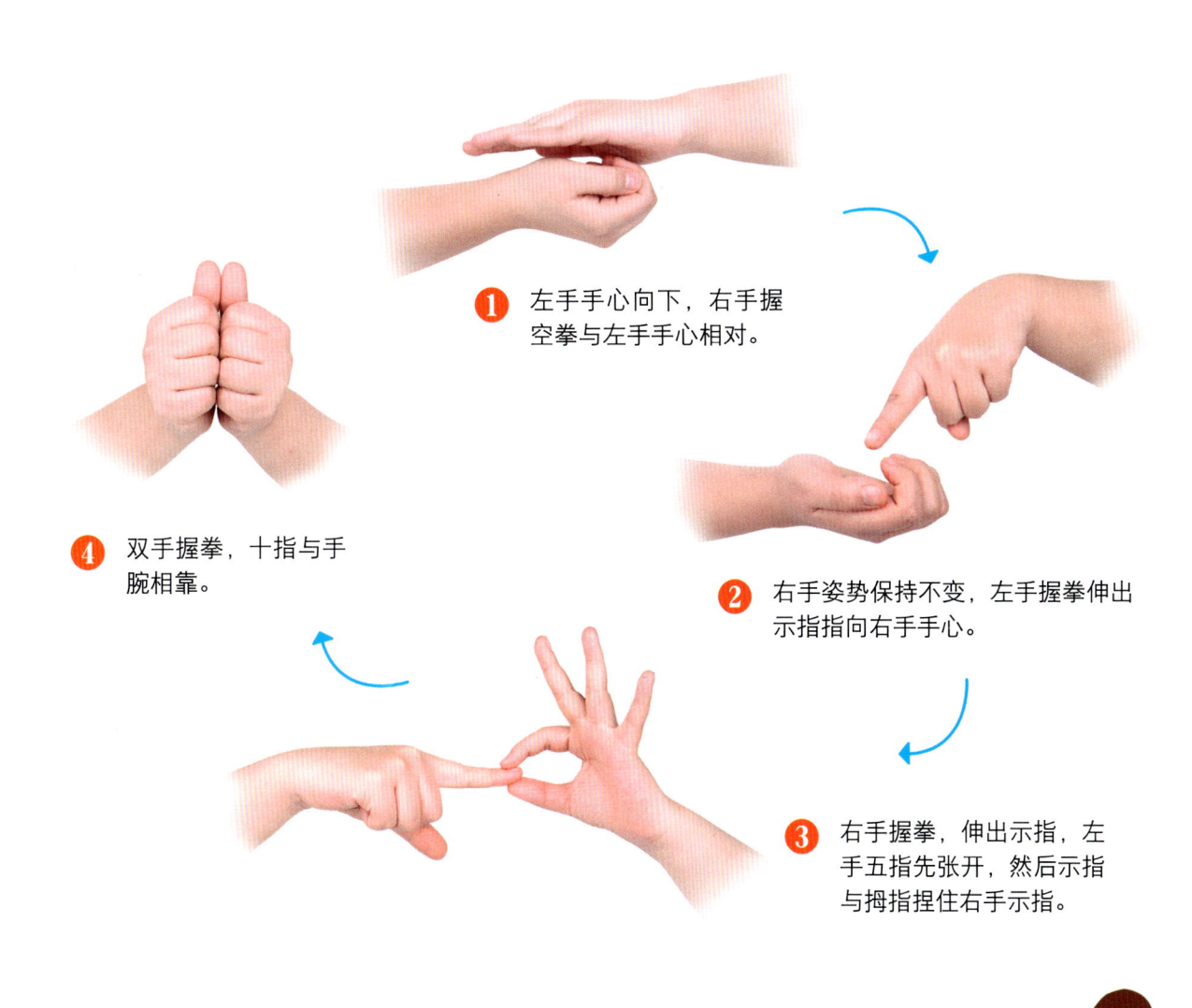

① 左手手心向下，右手握空拳与左手手心相对。

② 右手姿势保持不变，左手握拳伸出示指指向右手手心。

③ 右手握拳，伸出示指，左手五指先张开，然后示指与拇指捏住右手示指。

④ 双手握拳，十指与手腕相靠。

爱心贴士

对孕妈妈和胎宝宝来说，手指的活动是大脑的体操，而大脑的的活动很大一部分来自手指的运动。

我有一双小小手

我有一双小小手，
一只左来一只右，
会穿衣，会梳头，
能洗脸来能画画，
小小手，小小手，
一共十个手指头。

手指操 我有一双小小手

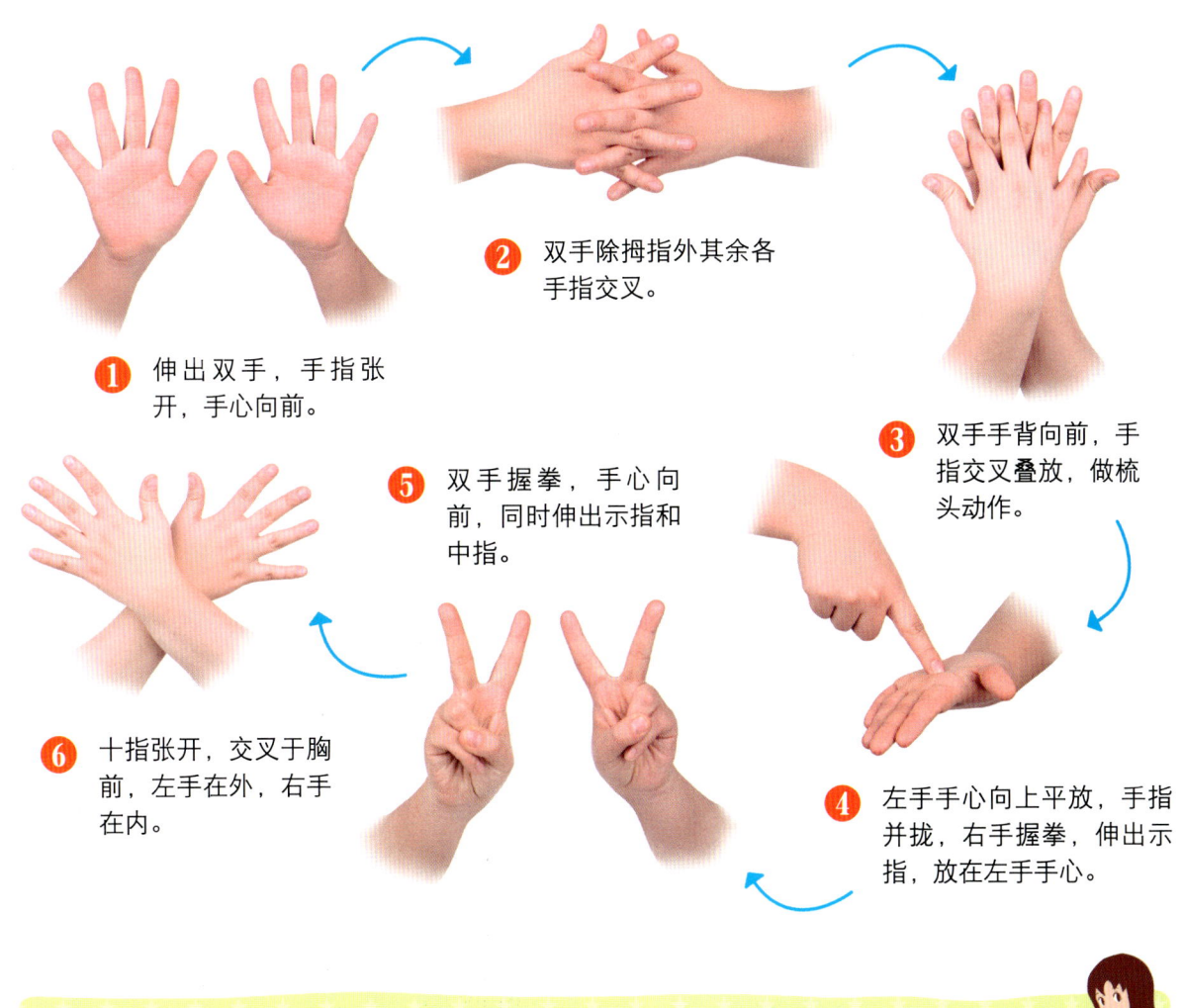

❶ 伸出双手,手指张开,手心向前。

❷ 双手除拇指外其余各手指交叉。

❸ 双手手背向前,手指交叉叠放,做梳头动作。

❹ 左手手心向上平放,手指并拢,右手握拳,伸出示指,放在左手手心。

❺ 双手握拳,手心向前,同时伸出示指和中指。

❻ 十指张开,交叉于胸前,左手在外,右手在内。

爱心贴士

活动的是手,得到锻炼的是大脑。手的动作对语言、视觉、听觉、触觉等的发展也有极大的益处。

贪吃的小猪

小猪小猪胖乎乎，
圆圆的肚子花肚皮，
抱来一个大西瓜，
噜噜噜噜全吃光，
拍拍肚子晃晃头，
满地打滚真淘气。

手指操 贪吃的小猪

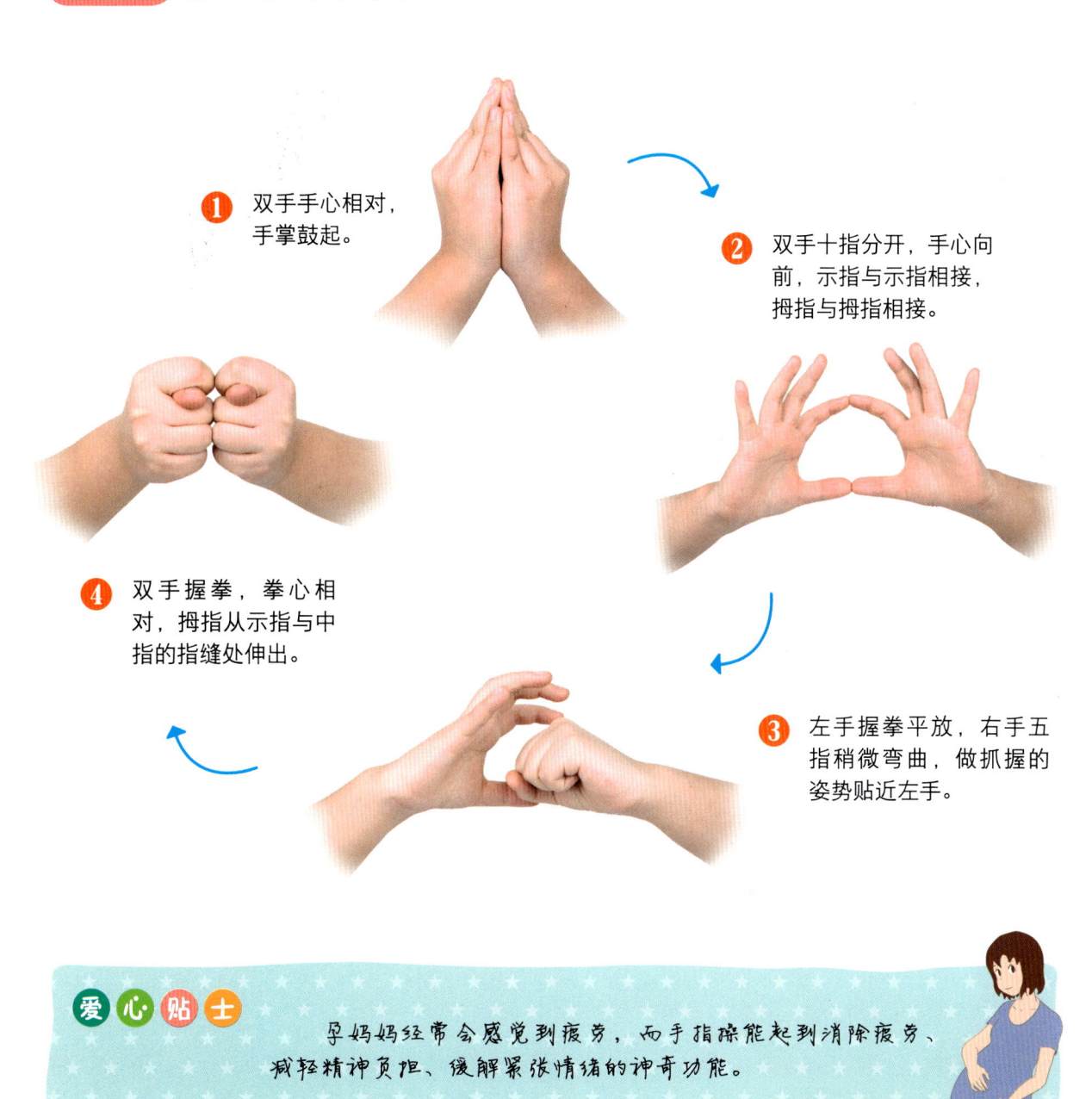

① 双手手心相对，手掌鼓起。

② 双手十指分开，手心向前，示指与示指相接，拇指与拇指相接。

③ 左手握拳平放，右手五指稍微弯曲，做抓握的姿势贴近左手。

④ 双手握拳，拳心相对，拇指从示指与中指的指缝处伸出。

爱心贴士 孕妈妈经常会感觉到疲劳，而手指操能起到消除疲劳、减轻精神负担、缓解紧张情绪的神奇功能。

35

葡萄娃娃

一粒一粒圆溜溜，
像珍珠，像玛瑙，
扒开绿叶对我笑，
摘下一粒咬一口，
美味甜汁溢嘴角，
有营养，味道好，
保护心脏和大脑，
妈妈多吃爱宝宝。

手指操 葡萄娃娃

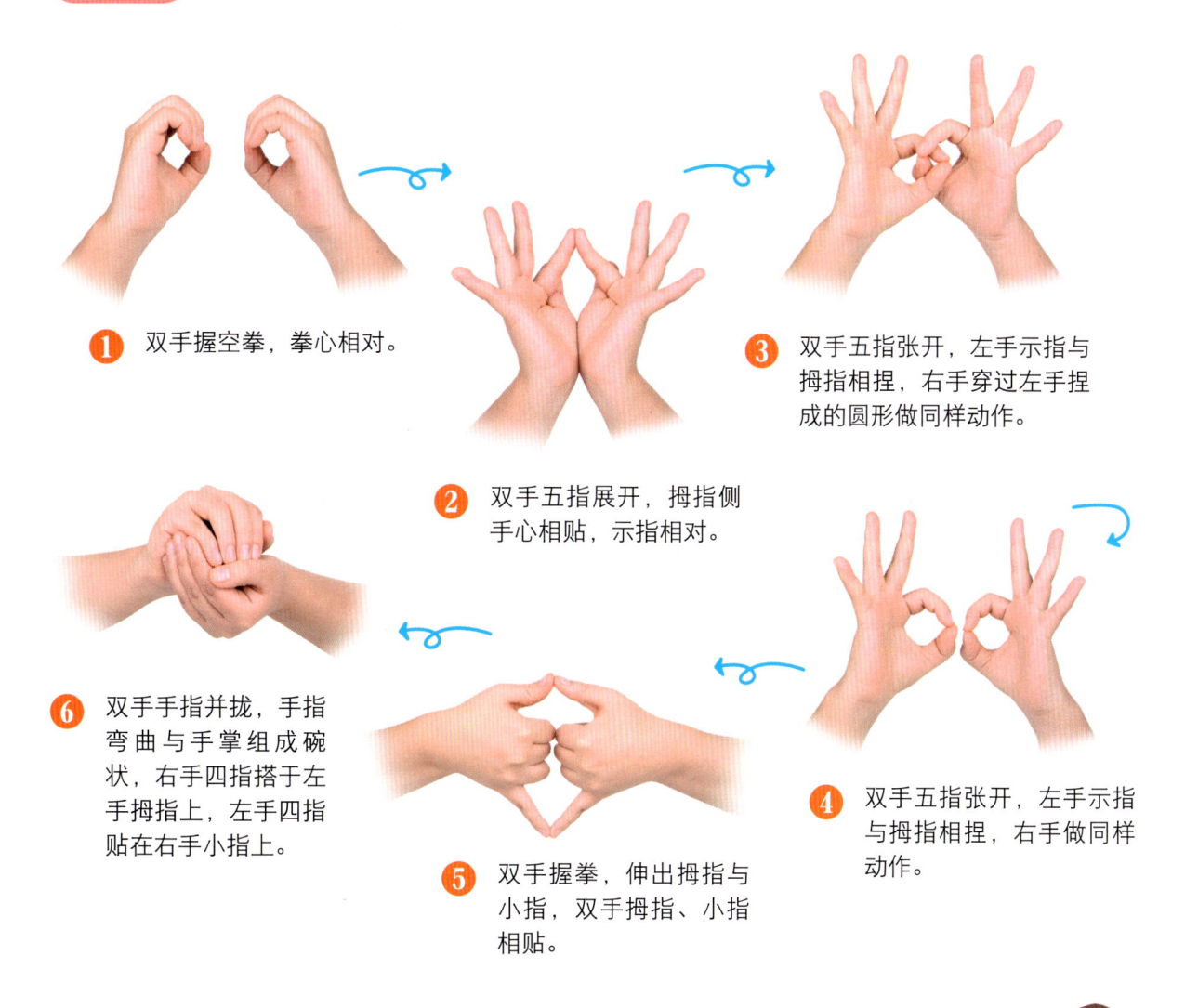

❶ 双手握空拳,拳心相对。

❷ 双手五指展开,拇指侧手心相贴,示指相对。

❸ 双手五指张开,左手示指与拇指相捏,右手穿过左手捏成的圆形做同样动作。

❹ 双手五指张开,左手示指与拇指相捏,右手做同样动作。

❺ 双手握拳,伸出拇指与小指,双手拇指、小指相贴。

❻ 双手手指并拢,手指弯曲与手掌组成碗状,右手四指搭于左手拇指上,左手四指贴在右手小指上。

爱心贴士

从中医角度讲,每个人的10个手指都对应着身体的某个部位,并起到调节和梳理的作用。孕妈妈真要好好地锻炼才行。

荷 塘

荷塘里青蛙多，
我要去抓全逃脱，
留下水珠一颗颗，
顺着荷叶滑落，
鱼儿游来又游去，
青蛙欢乐唱着歌，
美好的荷塘属于我！

手指操 荷 塘

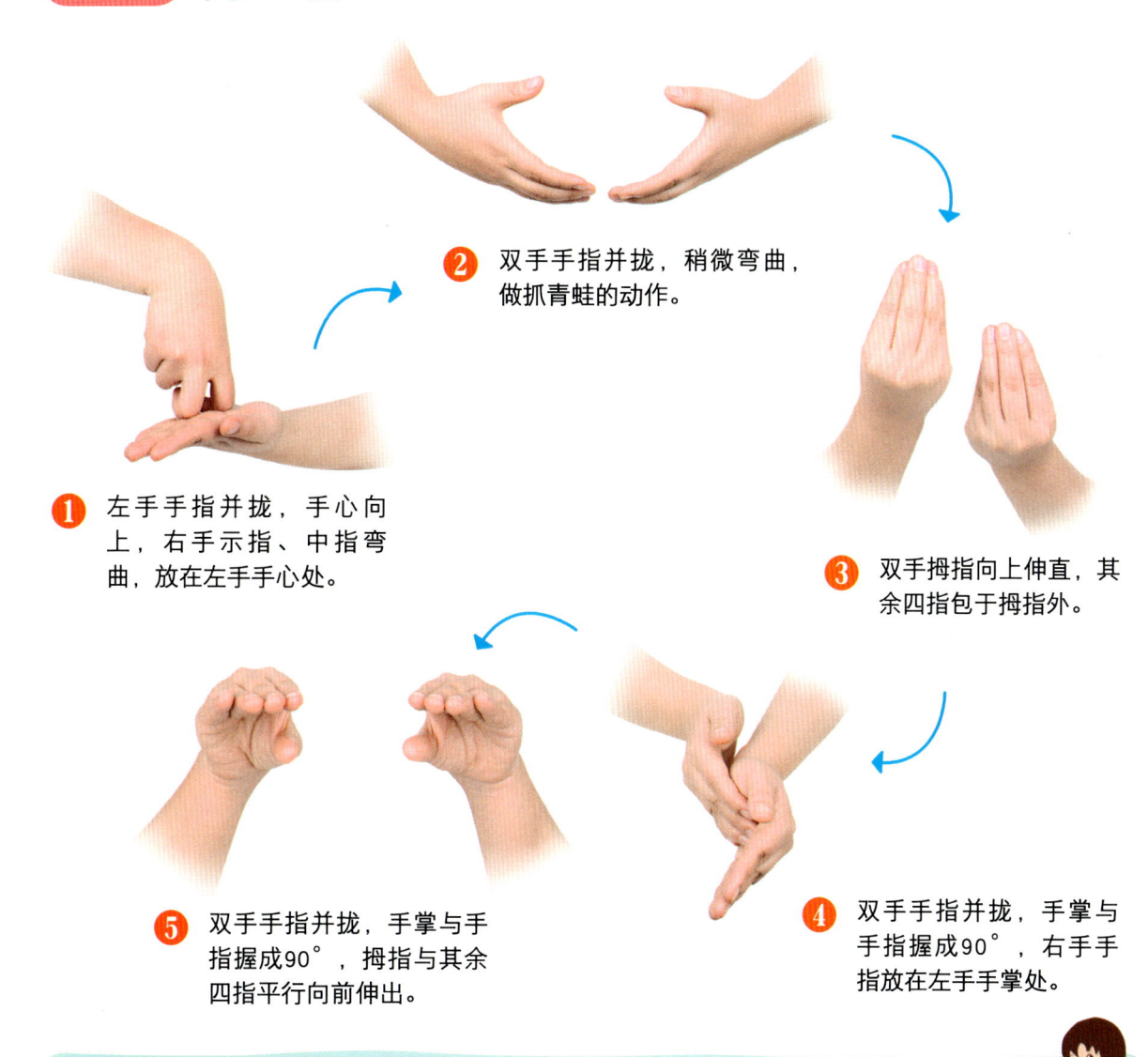

① 左手手指并拢，手心向上，右手示指、中指弯曲，放在左手手心处。

② 双手手指并拢，稍微弯曲，做抓青蛙的动作。

③ 双手拇指向上伸直，其余四指包于拇指外。

④ 双手手指并拢，手掌与手指握成90°，右手手指放在左手手掌处。

⑤ 双手手指并拢，手掌与手指握成90°，拇指与其余四指平行向前伸出。

爱心贴士

手的动作与人脑的发育有着极为密切和重要的关系，对语言、视觉、听觉、触觉等的发展也有极大的助益。

睡懒觉的小花猫

小花猫,性子急,
想捉老鼠捉不起,
蹲在洞前喵喵叫,
小老鼠,不见了,
躲在洞里睡大觉。

手指操 睡懒觉的小花猫

① 双手握拳，右手小指第一节指骨伸直，其他两节弯曲，双手拇指向中间伸直。

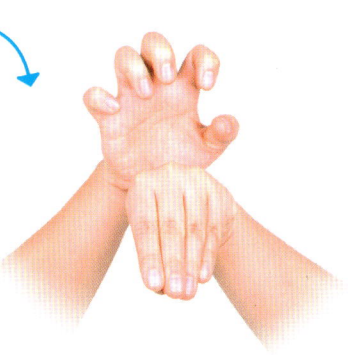

② 左手四指并拢握住拇指，右手做猫爪状贴于左手手背。

③ 双手五指张开，手指相向，手心向后。

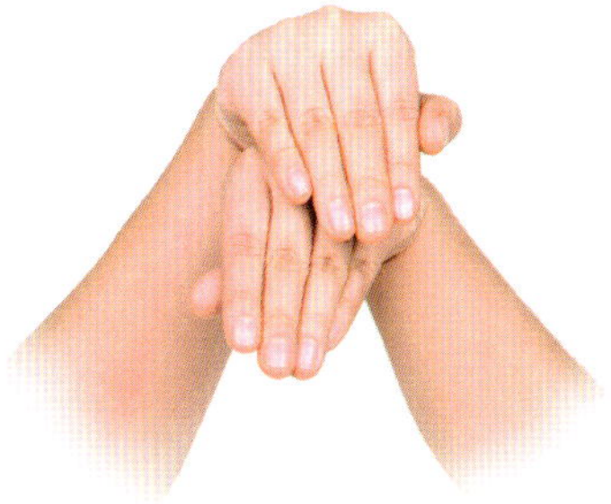

④ 双手五指并拢，手指与手掌弯成90°，右手在左手背上。

爱心贴士

孕妈妈有空做做手指操可以提神、消除疲劳、减轻精神负担，让人很快平静下来。

啄木鸟

啄木鸟,本领高,
给树看病不用刀,
尖尖嘴,轻轻敲,
啄出害虫一条条,
喂给家里的小宝宝,
快快长大飞得高。

手指操 啄木鸟

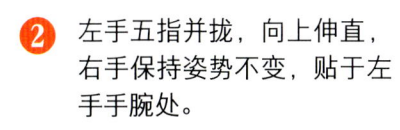

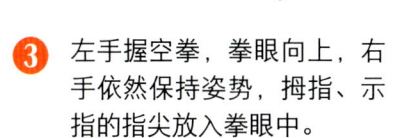

① 右手五指张开，示指与拇指相捏。

② 左手五指并拢，向上伸直，右手保持姿势不变，贴于左手手腕处。

③ 左手握空拳，拳眼向上，右手依然保持姿势，拇指、示指的指尖放入拳眼中。

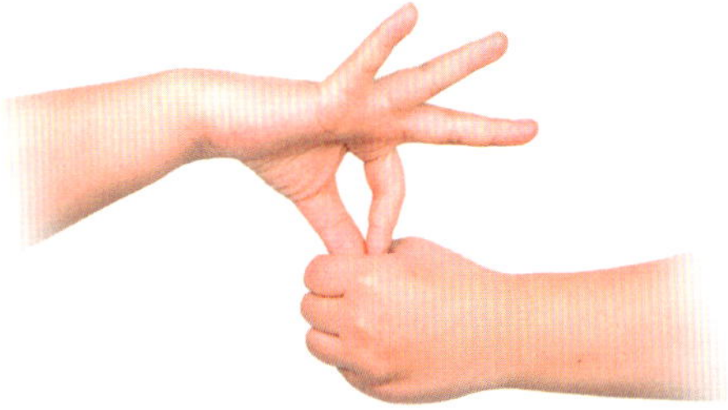

④ 左手握拳，伸出示指，拇指贴住中指，示指勾回包住拇指，右手姿势不变，两手示指相对。

⑤ 双手五指张开，左手手心与右手手背相贴，双手拇指相扣。

爱心贴士

手指对于人的健康起到了十分重要的作用，孕妈妈每天手指操有助于呼吸和增强视力。

春天来了

春风吹,
吹绿了柳树,
吹红了桃花,
吹醒了青蛙,
吹来了燕子,
吹得小雨轻轻下,
我和妈妈来种瓜。

手指操 春天来了

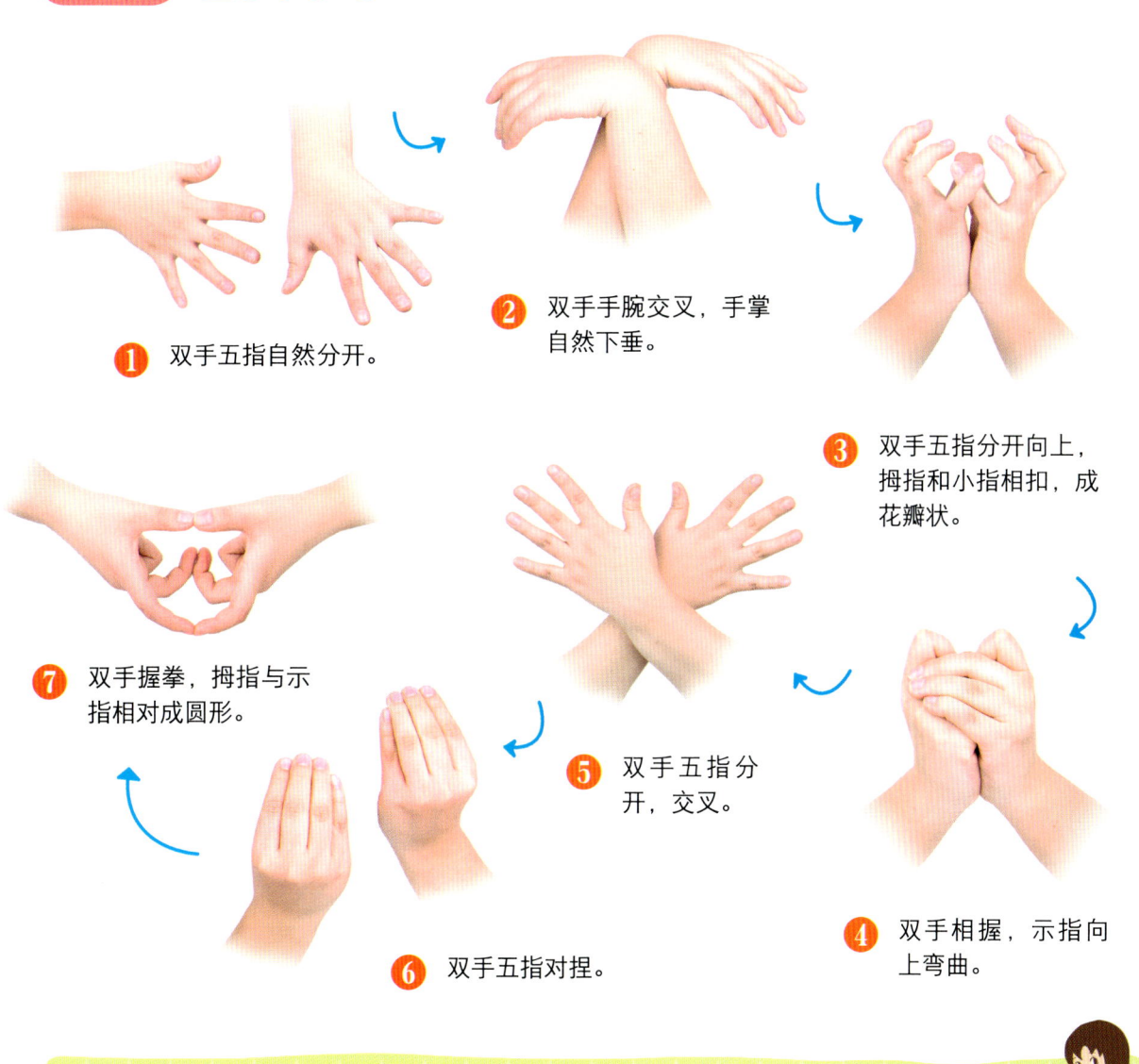

❶ 双手五指自然分开。

❷ 双手手腕交叉，手掌自然下垂。

❸ 双手五指分开向上，拇指和小指相扣，成花瓣状。

❹ 双手相握，示指向上弯曲。

❺ 双手五指分开，交叉。

❻ 双手五指对捏。

❼ 双手握拳，拇指与示指相对成圆形。

爱心贴士

手指操能起到消除疲劳、减轻精神负担、缓解紧张情绪的神奇功能。

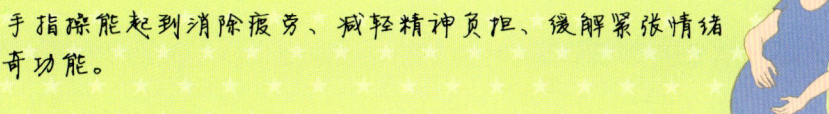

生活多美好

水彩笔，手中拿，
我和爸爸来画画，
画个妈妈笑哈哈，
手里抱着大西瓜，
画辆汽车谁来开？
当然是我的好爸爸，
画个房子是我家，
我们的生活多美好。

手指操 生活多美好

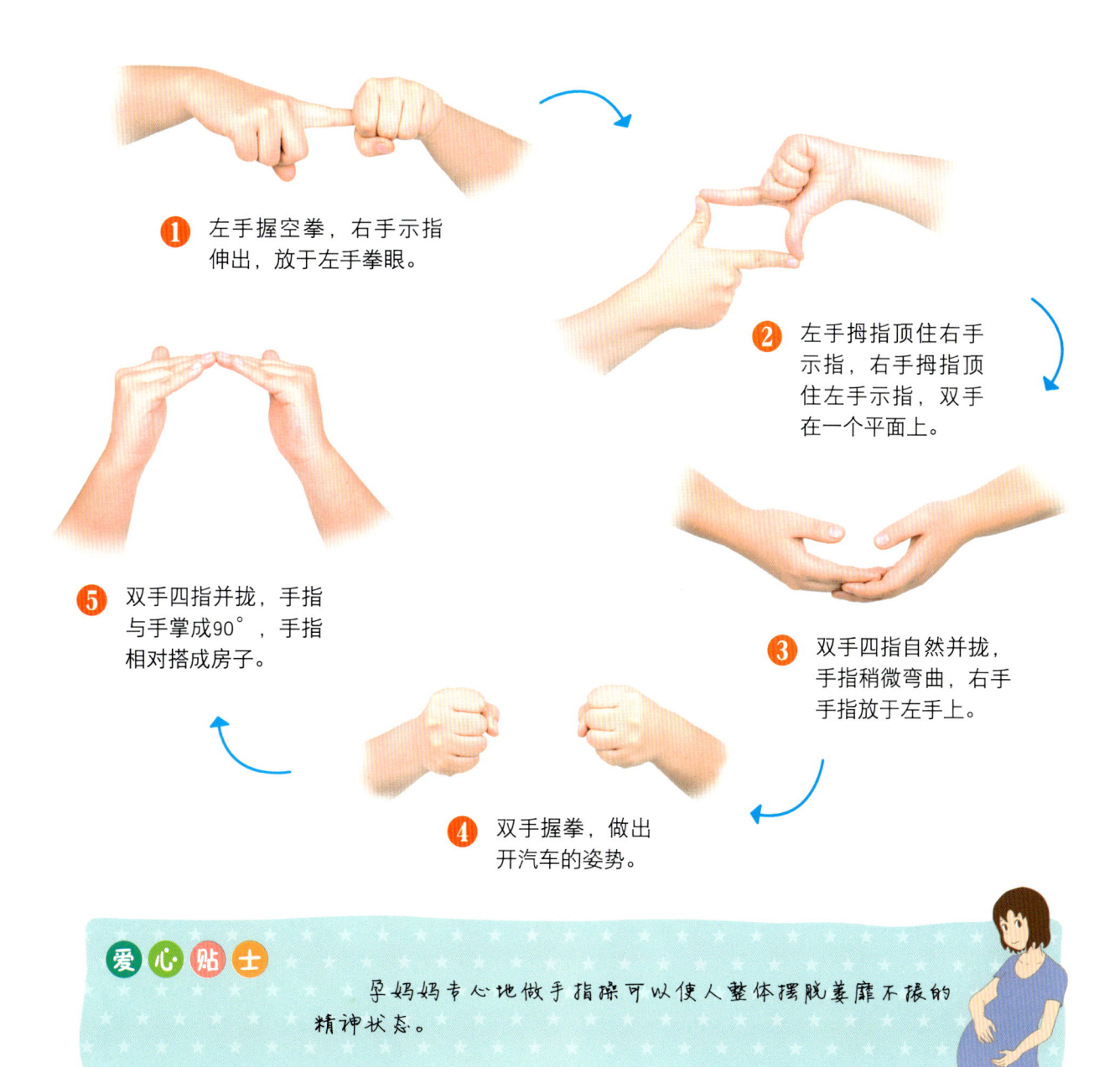

① 左手握空拳，右手示指伸出，放于左手拳眼。

② 左手拇指顶住右手示指，右手拇指顶住左手示指，双手在一个平面上。

③ 双手四指自然并拢，手指稍微弯曲，右手手指放于左手上。

④ 双手握拳，做出开汽车的姿势。

⑤ 双手四指并拢，手指与手掌成90°，手指相对搭成房子。

爱心贴士

孕妈妈专心地做手指操可以使人整体摆脱萎靡不振的精神状态。

动物乐队

小猪打鼓,咚咚咚,
小兔吹喇叭,哒嘀嗒,
老虎敲锣,哐哐哐,
小猫拉琴,咪咪咪,
美妙的音乐真好听。

手指操 动物乐队

1. 双手握拳，伸出拇指相对。然后伸出示指，略微弯曲，右手示指搭于左手示指上。

2. 双手握拳，伸出示指，交替做打鼓的动作。

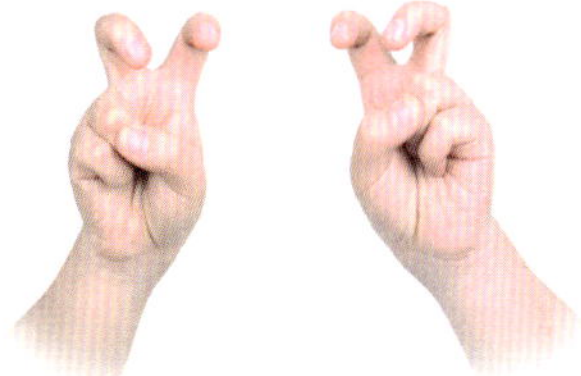

3. 双手示指、中指伸直，然后向下弯曲，其余手指握拳。

4. 双手做吹喇叭的动作。

5. 双手五指张开，向手心弯曲，做老虎爪的样子。

6. 左手姿势保持不变，右手握拳，示指指向左手。

7. 双手五指张开，手指相对，手心向后。

8. 左手握拳伸出拇指和小指，右手示指放于左手小指上。

9. 双手四指并拢，右手手心贴于左手手背，斜下交叠，拇指相对。

爱心贴士

手指操能安神、减轻疲劳、缓解精神压力和紧张情绪，帮助呼吸，增强心脏功能。

悄悄话

一闪一闪亮晶晶,
满天都是小星星,
拿起电话听一听,
和我说着悄悄话,
对着我们眨眼睛。

手指操 悄悄话

① 双手五指伸开，右手手心放于左手手背上，做扇面状。

② 右手握拳，伸出拇指和小指，向手心弯曲。

③ 左手五指并拢，手指向上，右手握拳，向上伸出示指，与左手平行靠近。

④ 左手五指张开，手指向上，右手五指相捏，指向左手手心并向其靠拢。

⑤ 两手交替动作。

爱心贴士

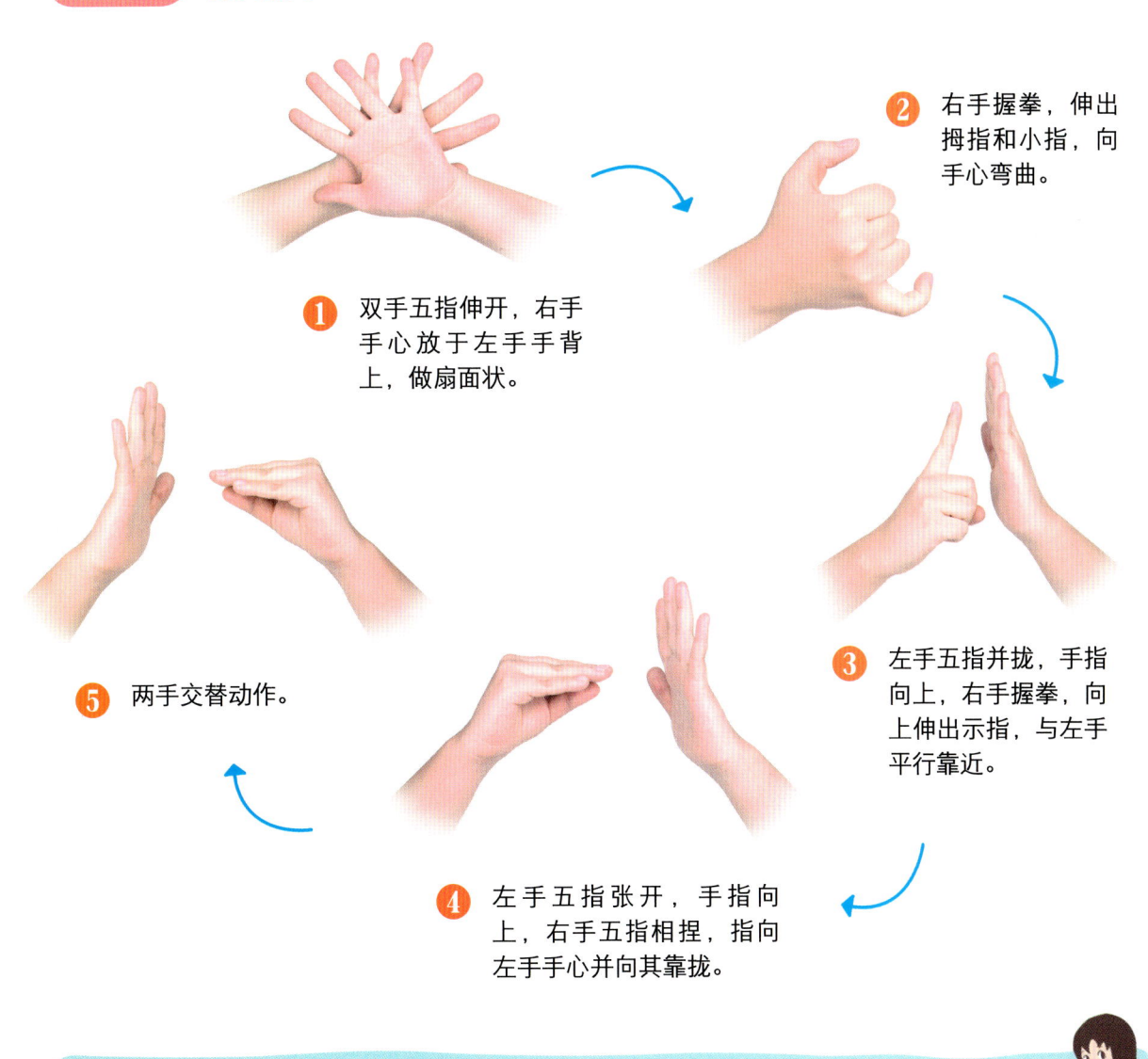

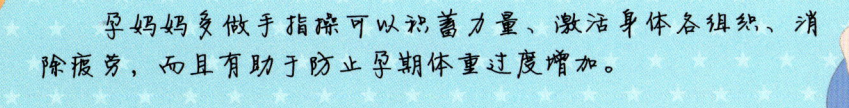

孕妈妈多做手指操可以积蓄力量、激活身体各组织、消除疲劳，而且有助于防止孕期体重过度增加。

月亮船

弯弯的月亮，
小小的船，
小小的船儿两头尖。
我坐在船上抬头看，
只见闪闪的星星，
蓝蓝的天！

手指操 月亮船

① 左手五指并拢，手心向上，手指略微弯曲。

② 右手与左手动作一样，双手手腕相贴。

③ 双手握拳，手腕相贴，向斜上方伸出示指。

④ 左手同步骤"1"，右手握拳伸出拇指放于左手手掌处。

⑤ 双手五指伸开，左手手心放于右手手背上，成扇面状。

⑥ 双手手指并成掌状，右手在上，左手在下。

爱心贴士

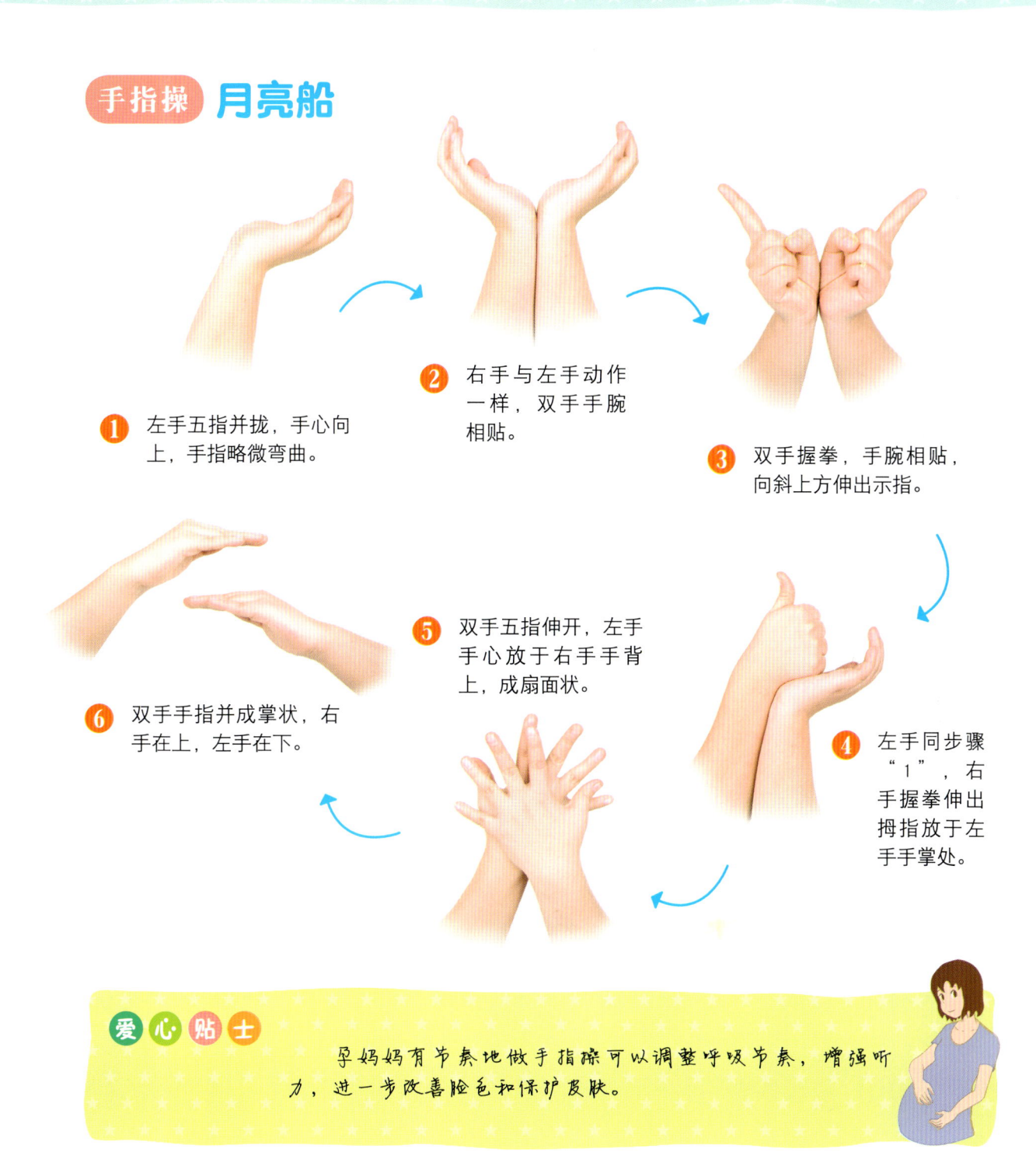

孕妈妈有节奏地做手指操可以调整呼吸节奏，增强听力，进一步改善脸色和保护皮肤。

开门操

当当当,谁敲门?
是宝宝回来了,
一门开开关上了,
二门开开关上了,
三门开开关上了,
妈妈妈妈快抱抱。

手指操 开门操

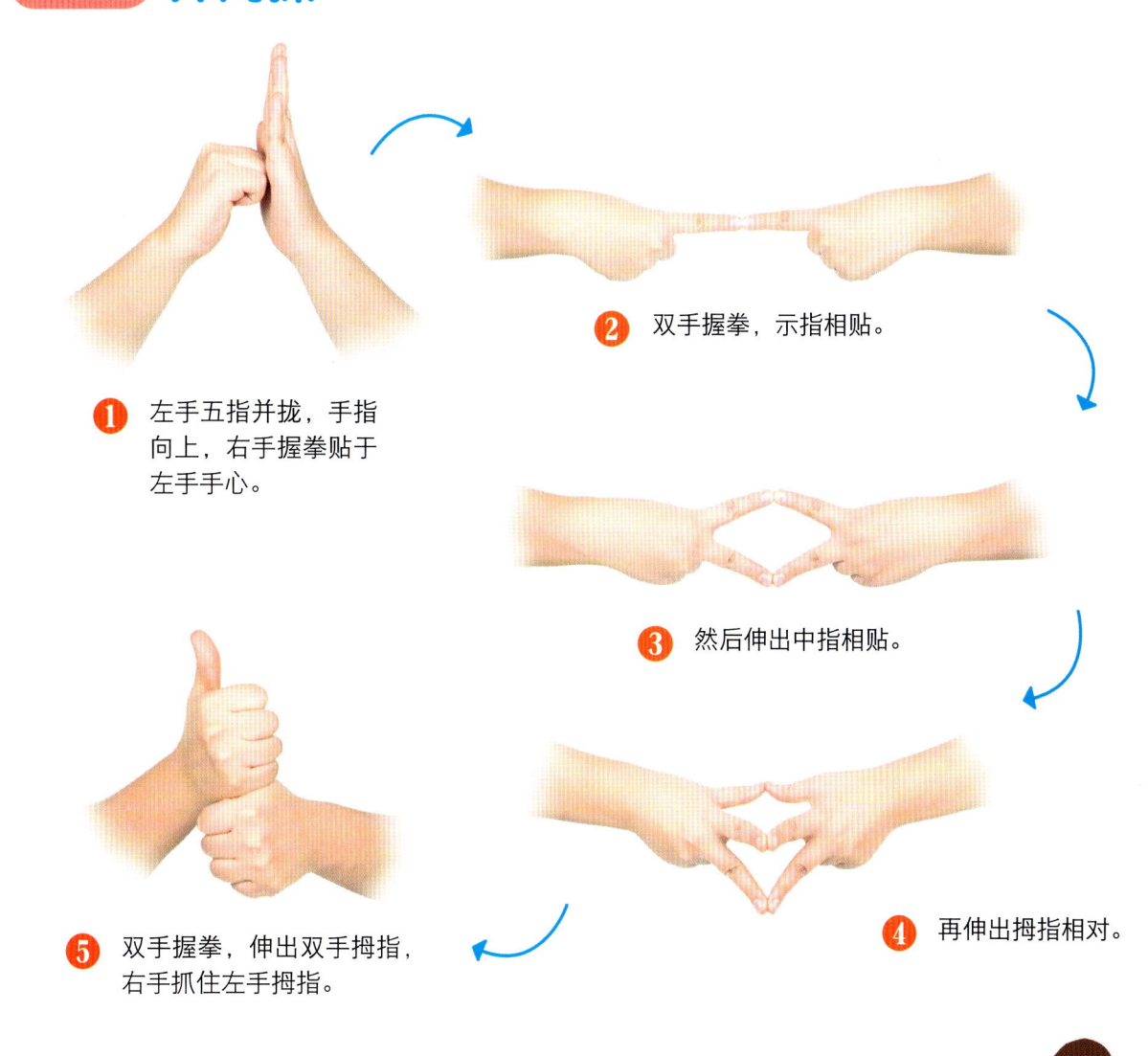

① 左手五指并拢，手指向上，右手握拳贴于左手手心。

② 双手握拳，示指相贴。

③ 然后伸出中指相贴。

④ 再伸出拇指相对。

⑤ 双手握拳，伸出双手拇指，右手抓住左手拇指。

爱心贴士

孕妈妈需要增强自信心，摆脱忧伤情绪。手指操对于孕妈妈缓解不安的情绪很有必要。

可爱的小动物

小兔子走路跳呀跳呀跳，
小鸭子走路摇呀摇呀摇，
小乌龟走路爬呀爬呀爬，
小花猫走路静悄悄。

手指操 可爱的动物

① 双手握拳，右手放于左手手背上，右手伸出示指与中指。

② 双手五指并拢，手心向下，左手放于右手上。

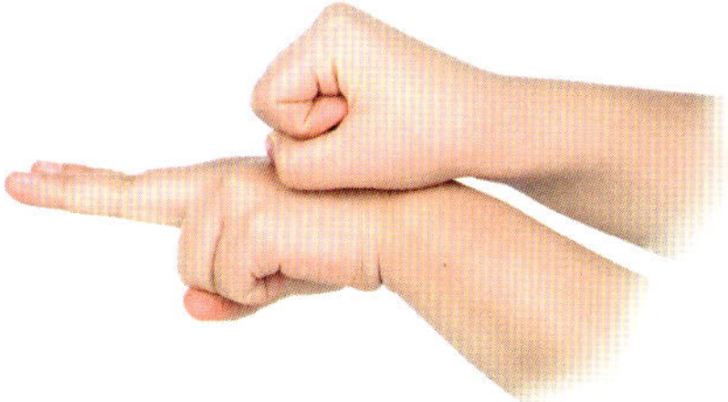

③ 双手握拳，右拳放在左手手背上，左手伸出示指和中指。

④ 双手握拳，右手小指第一节指骨伸直，其他两节弯曲，拇指伸直。左手搭于右手手腕，伸出示指。

爱心贴士

手指操有助于帮助孕妈妈消化，清除体内油脂，帮助呼吸，减轻疲劳，去除头痛、背痛和脚痛。

57

小熊爬山坡

小熊小熊胖乎乎,
圆圆的脑袋白肚皮,
要到山上找蜂蜜,
一步一步爬上去,
满头大汗歇歇脚,
一不小心滚下山,
气得哇哇喊妈妈。

手指操 小熊爬山坡

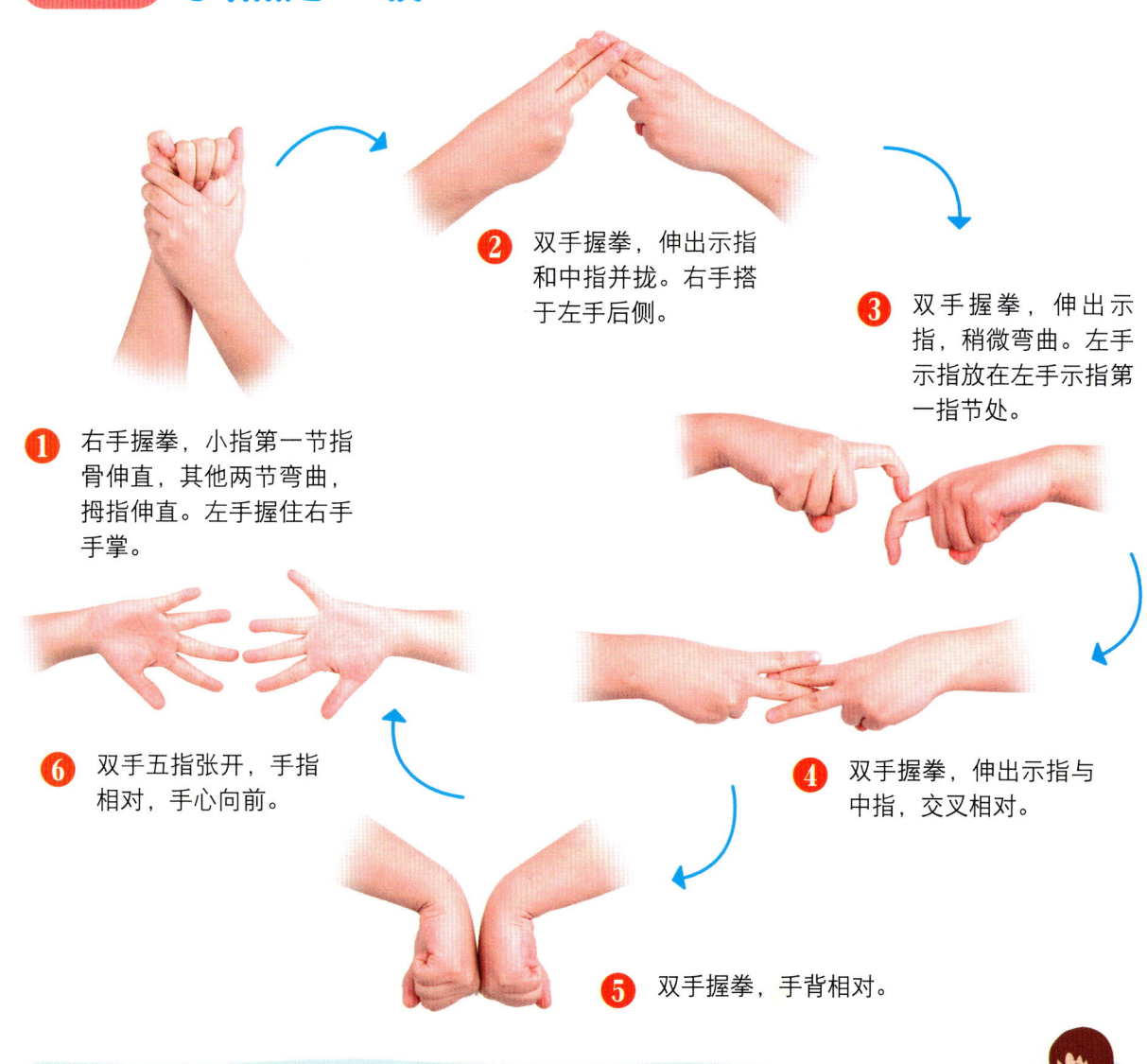

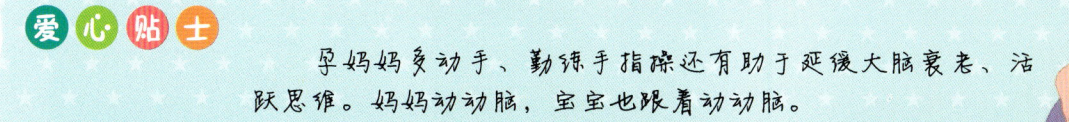

① 右手握拳，小指第一节指骨伸直，其他两节弯曲，拇指伸直。左手握住右手手掌。

② 双手握拳，伸出示指和中指并拢。右手搭于左手后侧。

③ 双手握拳，伸出示指，稍微弯曲。左手示指放在左手示指第一指节处。

④ 双手握拳，伸出示指与中指，交叉相对。

⑤ 双手握拳，手背相对。

⑥ 双手五指张开，手指相对，手心向前。

爱心贴士

孕妈妈多动手、勤练手指操还有助于延缓大脑衰老、活跃思维。妈妈动动脑，宝宝也跟着动动脑。

小猴交朋友

小猴小猴手拉手,
围成一圈跟我走,
我来给你抓抓痒,
你来给我梳梳毛,
一起上树摘果子,
大家分享真快乐,
我们都是好朋友,
相亲相爱不分手!

手指操 小猴交朋友

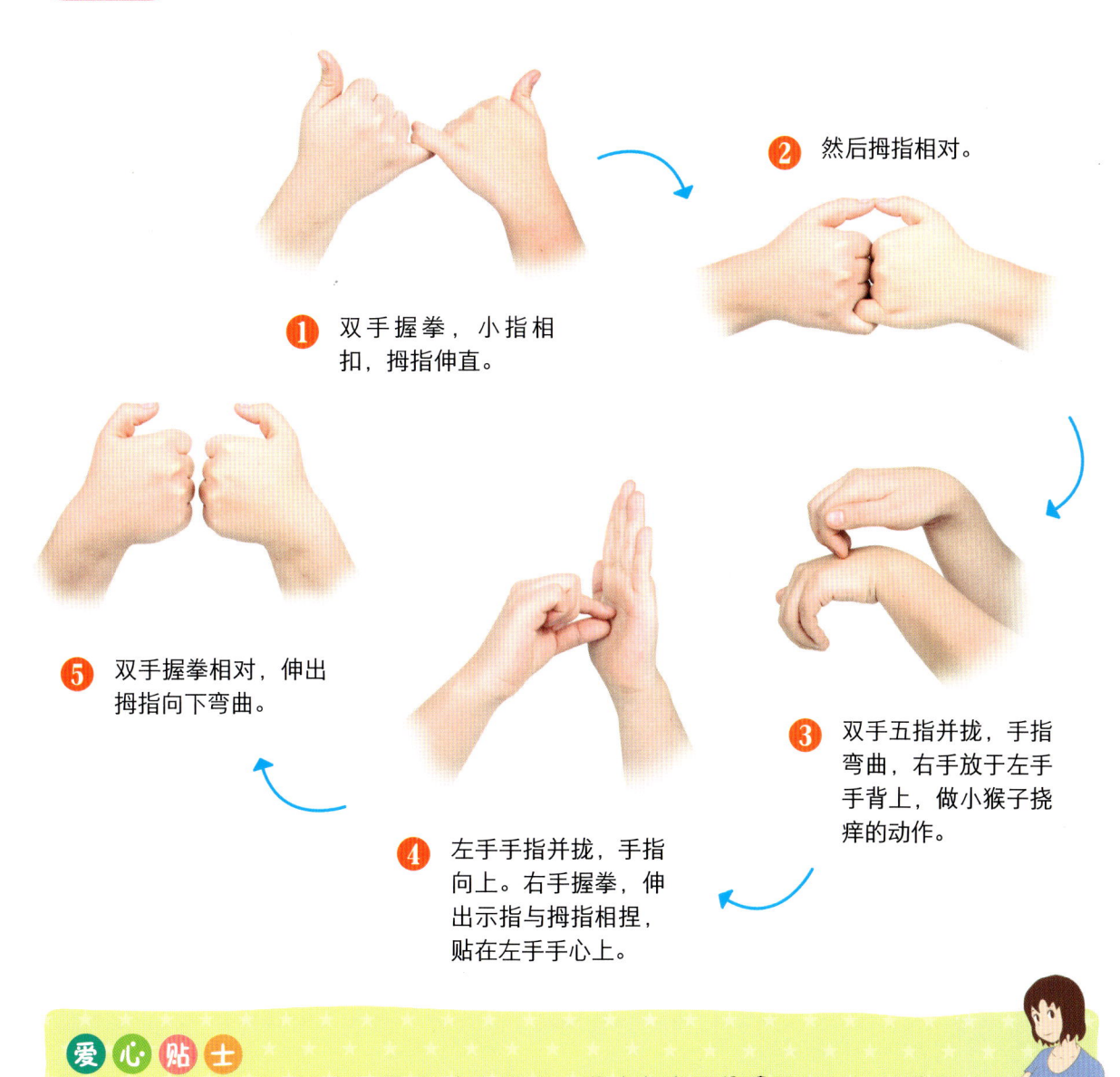

① 双手握拳，小指相扣，拇指伸直。

② 然后拇指相对。

③ 双手五指并拢，手指弯曲，右手放于左手手背上，做小猴子挠痒的动作。

④ 左手手指并拢，手指向上。右手握拳，伸出示指与拇指相捏，贴在左手手心上。

⑤ 双手握拳相对，伸出拇指向下弯曲。

爱心贴士

每天早晚8点钟左右，是我们头脑最清醒、记忆力最好的时候，也是练习手指操的最佳时机。

黄老先生有块地

他在地里种小米,
小鸡吃米唧唧唧;
他在地里种玉米,
小猪吃米噜噜噜,
他在地里种麦草,
小牛吃草哞哞哞。

手指操 黄老先生有块地

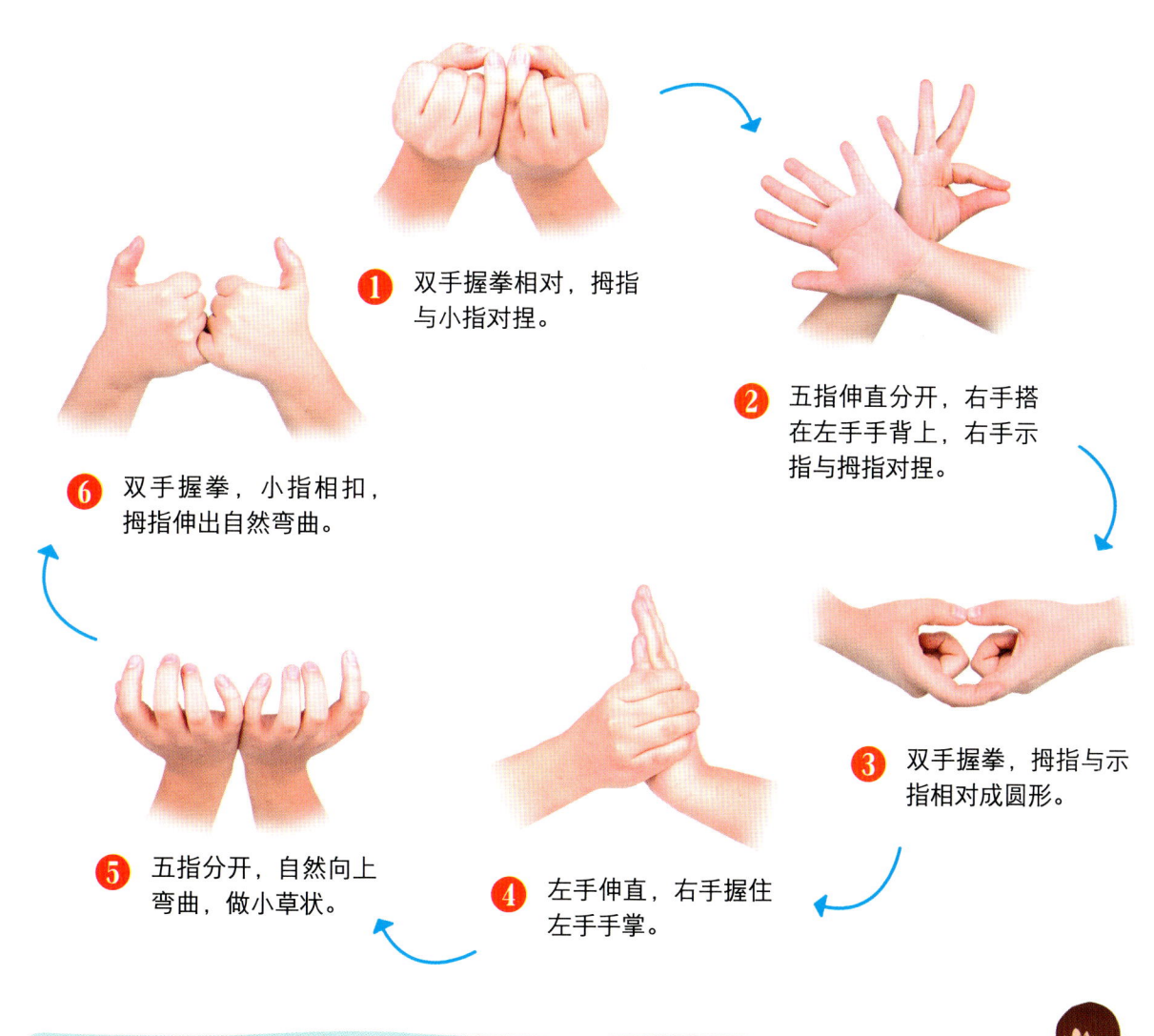

① 双手握拳相对，拇指与小指对捏。

② 五指伸直分开，右手搭在左手手背上，右手示指与拇指对捏。

③ 双手握拳，拇指与示指相对成圆形。

④ 左手伸直，右手握住左手手掌。

⑤ 五指分开，自然向上弯曲，做小草状。

⑥ 双手握拳，小指相扣，拇指伸出自然弯曲。

爱心贴士

练习手指操可以增加大脑的血流量，激活一些处于睡眠状态的脑细胞，训练大脑的协调功能。

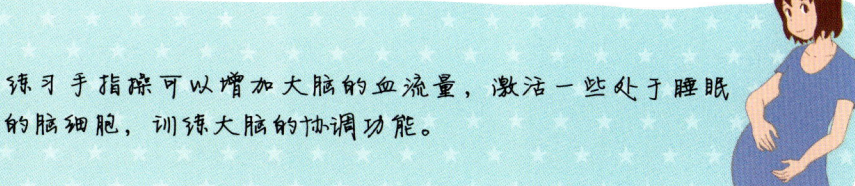

虫虫飞

虫虫飞,虫虫飞,
飞到南山吃露水,
露水吃不到,
回来吃青草。
虫虫飞,虫虫飞,
飞到家里钻进了,
妈妈的怀抱,
一起睡午觉。

手指操 虫虫飞

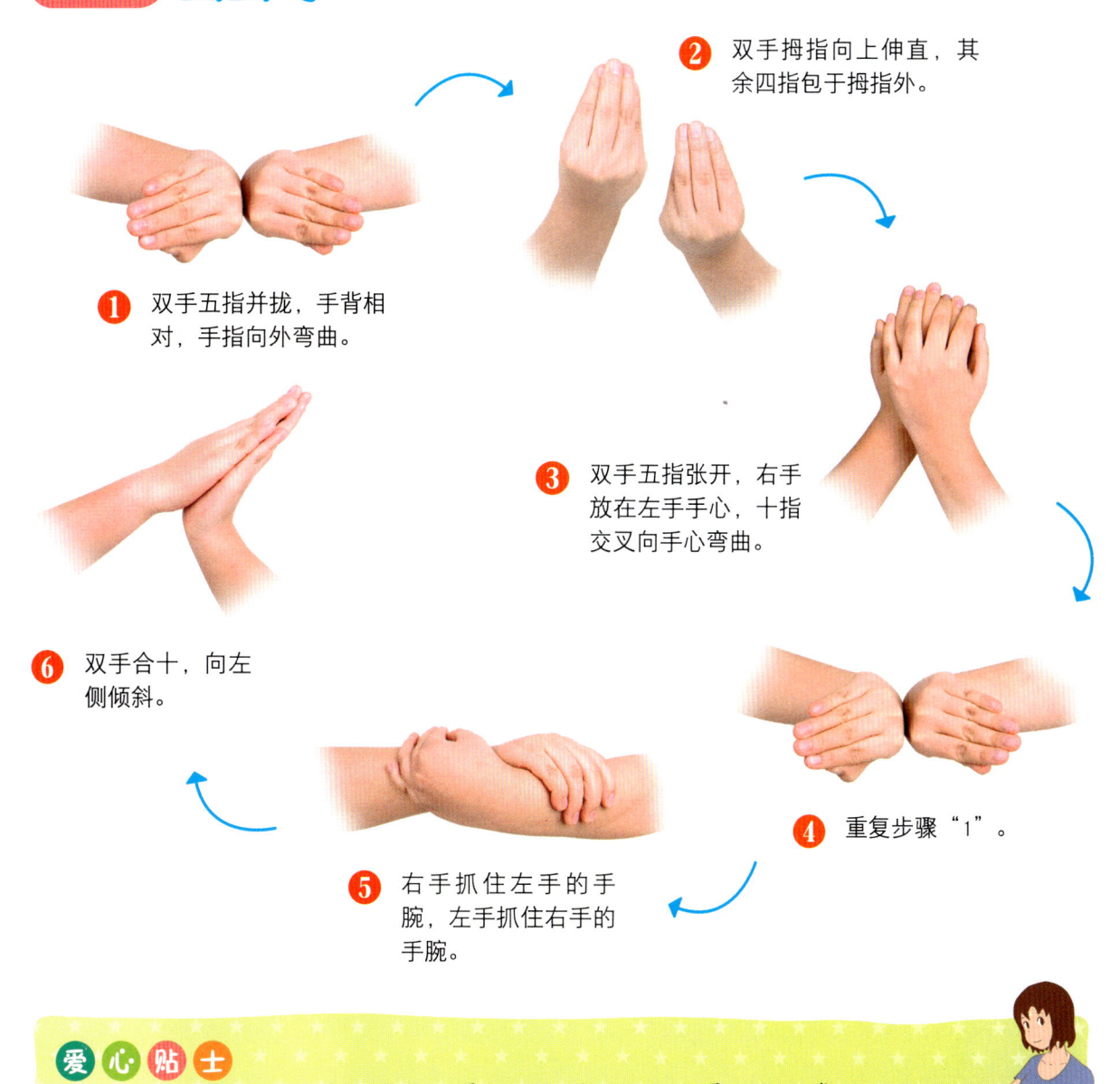

❶ 双手五指并拢，手背相对，手指向外弯曲。

❷ 双手拇指向上伸直，其余四指包于拇指外。

❸ 双手五指张开，右手放在左手手心，十指交叉向手心弯曲。

❹ 重复步骤"1"。

❺ 右手抓住左手的手腕，左手抓住右手的手腕。

❻ 双手合十，向左侧倾斜。

爱心贴士

手指操是一项很好的健脑运动。孕妈妈经常做，人体的免疫力也会随之上升。

快乐的小鸟

鸟爸爸、鸟妈妈，
从早到晚乐呵呵，
他们的孩子最漂亮，
赤橙黄绿青蓝紫，
他们的孩子爱唱歌，
哆来咪发梭拉西（音符），
爸爸妈妈我爱你。

手指操 快乐的小鸟

① 左手五指张开,示指与拇指相捏,右手做同样的动作,双手交叉。

② 右手握拳,示指与拇指相捏,左手五指张开与右手交叉。

③ 双手握拳,伸出中指和示指,两手相对。

④ 双手十指交叉相握,伸出拇指平行放于示指上。

爱心贴士

处于工作岗位的孕妈妈经常久坐在电脑前,在手指僵硬、腕关节酸疼的时候,不妨做做手指操。

孔 雀

这鸟美,那鸟美,
我说孔雀是最美,
宝石般的长羽翎,
满身镶翡翠。
要问孔雀喜欢谁?
穿花裙的小妹妹。
看见她来就开屏,
咱俩一样美。

手指操 孔 雀

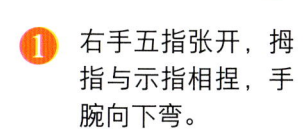

① 右手五指张开，拇指与示指相捏，手腕向下弯。

② 双手做兰花指的姿势，手腕交叉。

③ 将双手中指相对，手腕相贴，其余手指伸开。

④ 双手五指张开，手心向后，左手放于右手前面。

爱心贴士

孕妈妈做做手指操，再捏捏指肚、握握拳，就能减少患腕管综合征的风险。

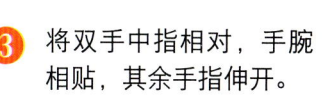

永远是一家

拍一拍，是妈妈，
拉一拉，是爸爸，
搓一搓，是宝宝，
握一握，我们三个，
两只小手一交叉，
我们永远是一家。

手指操 永远是一家

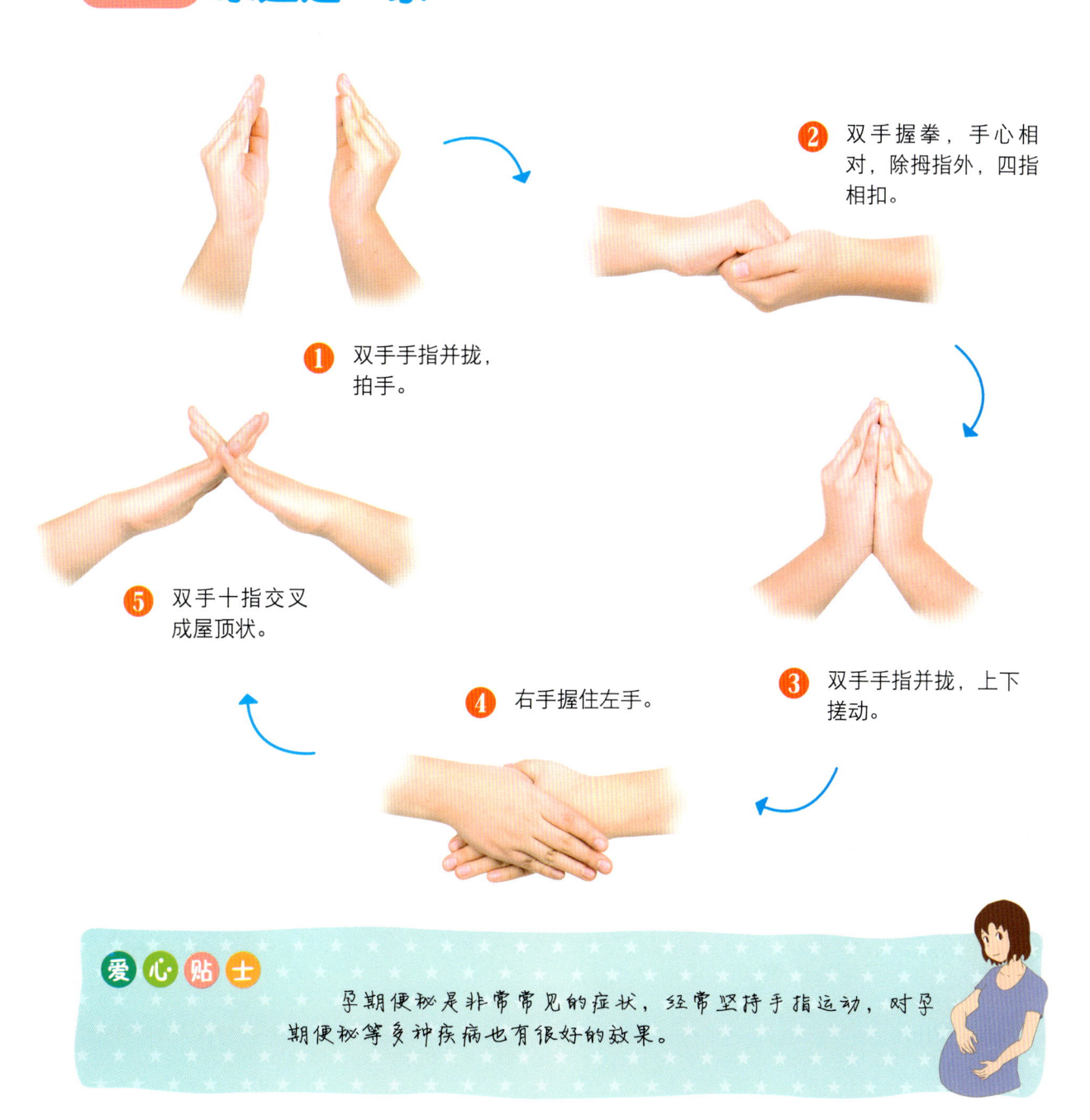

① 双手手指并拢，拍手。

② 双手握拳，手心相对，除拇指外，四指相扣。

③ 双手手指并拢，上下搓动。

④ 右手握住左手。

⑤ 双手十指交叉成屋顶状。

爱心贴士

孕期便秘是非常常见的症状，经常坚持手指运动，对孕期便秘等多种疾病也有很好的效果。

一二三四五

一二三四五，
大象学敲鼓，
鼻子用力敲，
吓跑小老鼠，
老鼠有几只？
我来数一数，
数来又数去，
一二三四五。

手指操 一二三四五

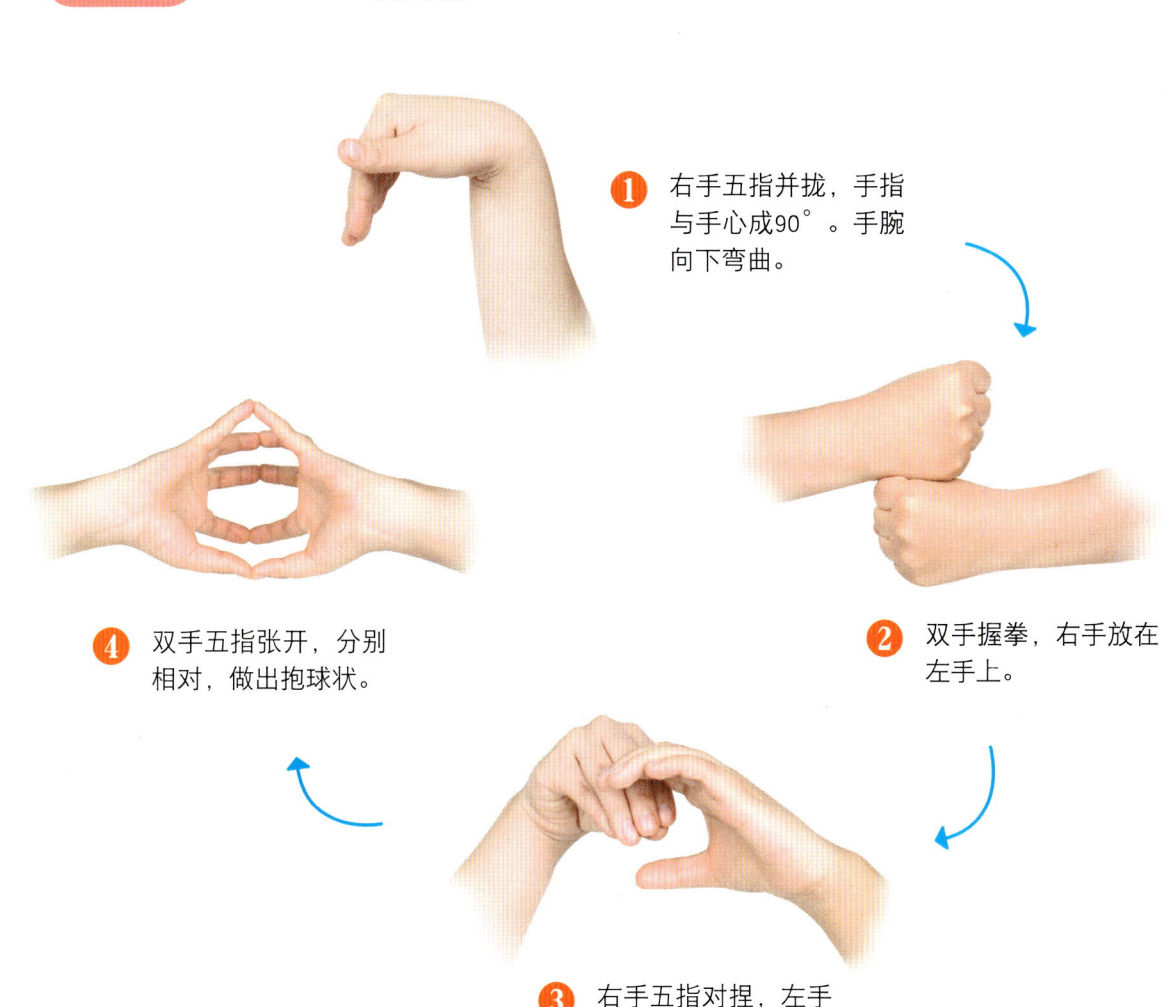

❶ 右手五指并拢，手指与手心成90°。手腕向下弯曲。

❷ 双手握拳，右手放在左手上。

❸ 右手五指对捏，左手做包住右手的姿势。

❹ 双手五指张开，分别相对，做出抱球状。

爱心贴士

除了孕妈妈，从3岁幼童到耄耋老人，都可以练习简单有益的手指操。

大海真奇妙

小浪花，真可爱，
天生洁白海上开。
虾米跳跳舞，
鱼儿游过来。
大海的宝贝，
撒欢的小孩。

手指操 大海真奇妙

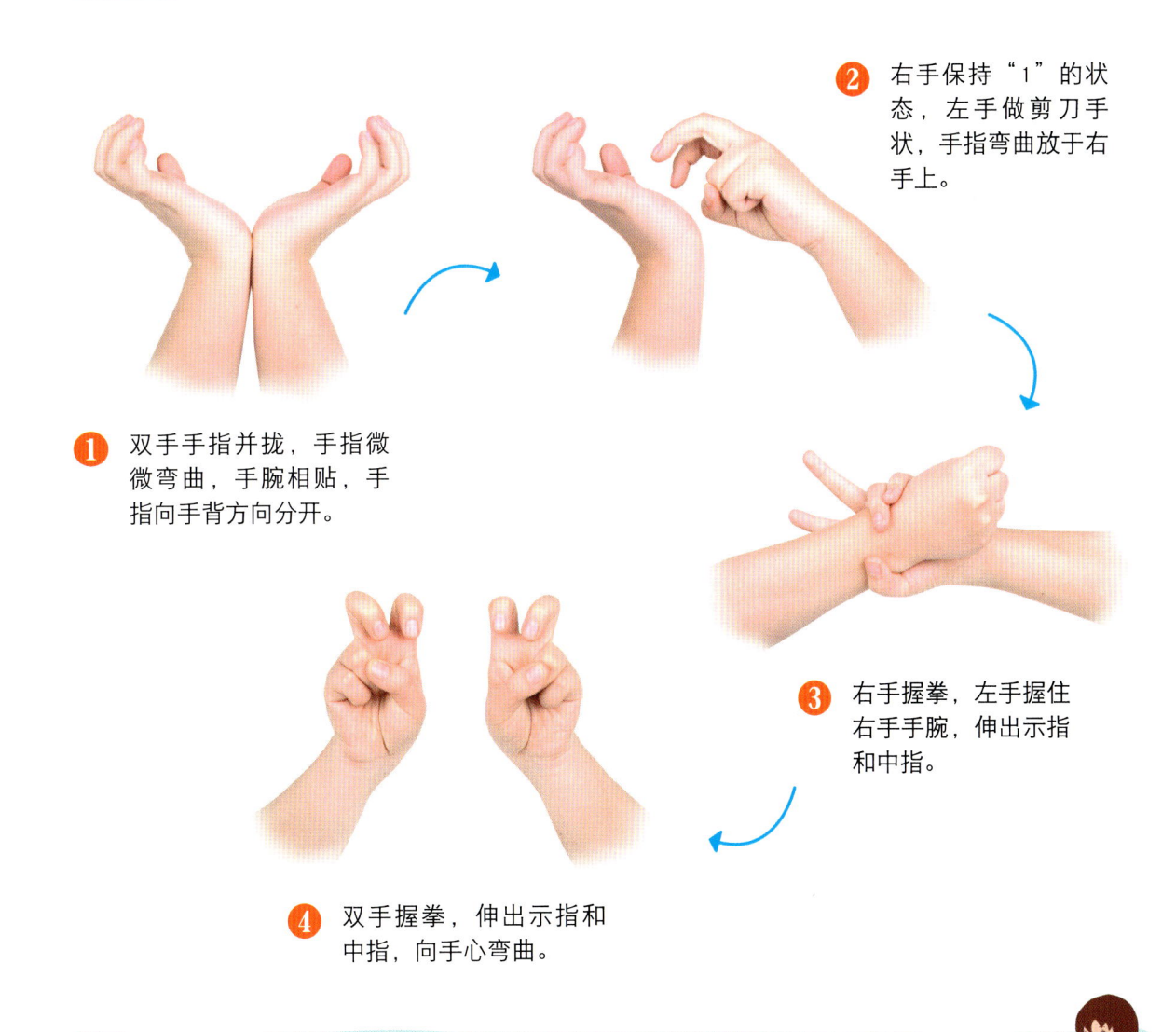

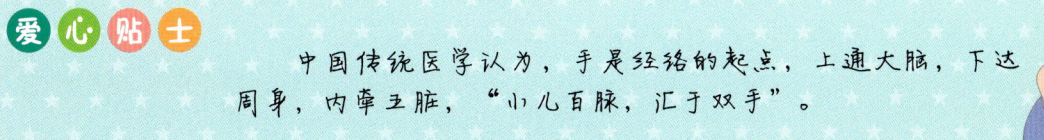

① 双手手指并拢，手指微微弯曲，手腕相贴，手指向手背方向分开。

② 右手保持"1"的状态，左手做剪刀手状，手指弯曲放于右手上。

③ 右手握拳，左手握住右手手腕，伸出示指和中指。

④ 双手握拳，伸出示指和中指，向手心弯曲。

爱心贴士

中国传统医学认为，手是经络的起点，上通大脑，下达周身，内牵五脏，"小儿百脉，汇于双手"。

轱辘轱辘绕

轱辘轱辘锤,砸杏仁。
轱辘轱辘叉,吹喇叭。
轱辘轱辘剪子,剪窗花。

手指操 轱辘轱辘绕

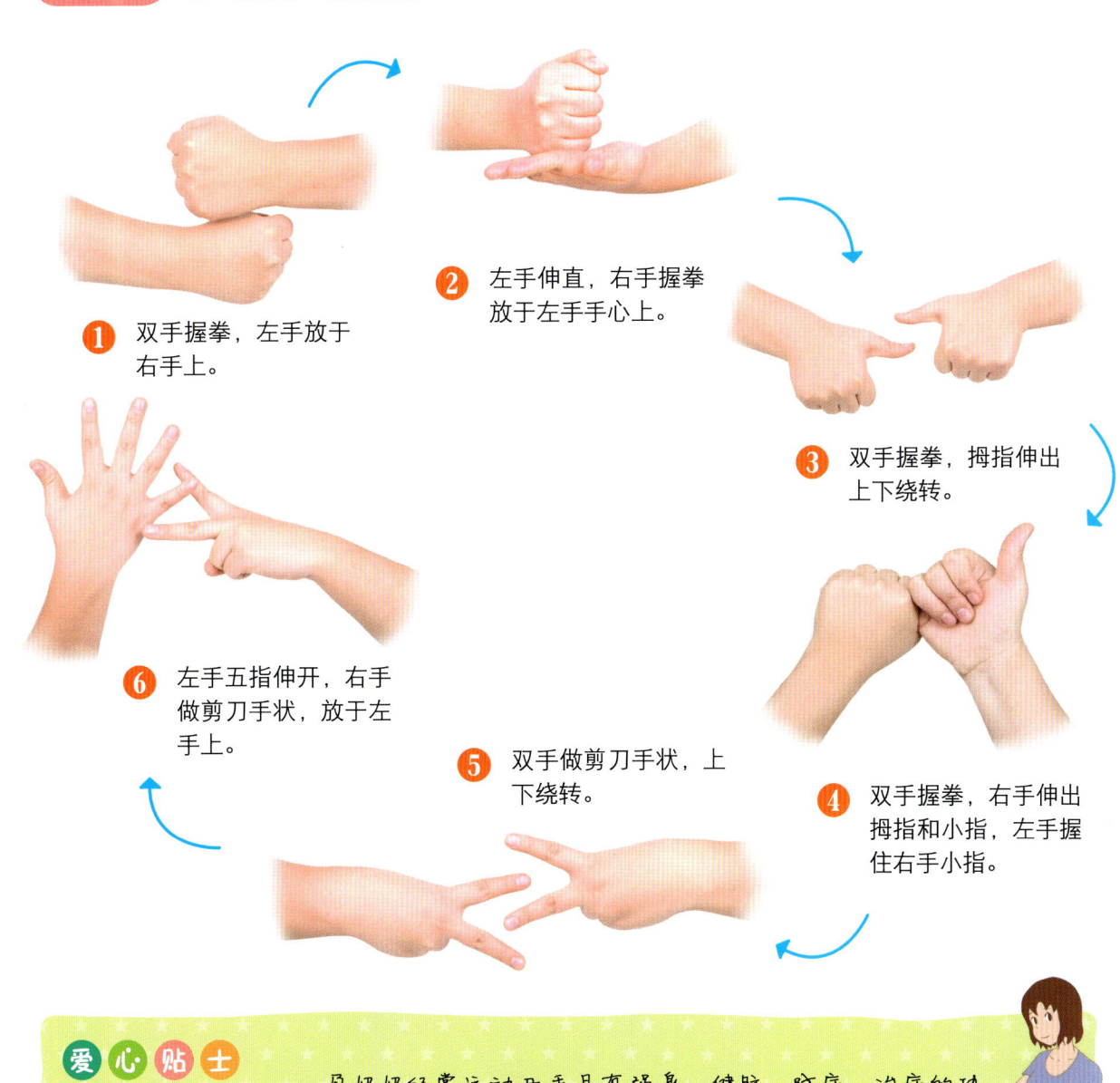

❶ 双手握拳，左手放于右手上。

❷ 左手伸直，右手握拳放于左手手心上。

❸ 双手握拳，拇指伸出上下绕转。

❹ 双手握拳，右手伸出拇指和小指，左手握住右手小指。

❺ 双手做剪刀手状，上下绕转。

❻ 左手五指伸开，右手做剪刀手状，放于左手上。

爱心贴士

孕妈妈经常运动两手具有强身、健脑、防病、治病的功效，比单纯运动两腿更有益处。

甜甜话

中秋节，吃月饼，
月饼圆圆像月亮，
月饼甜甜像蜜糖，
吃着蜜糖说甜话，
甜甜月亮盼团圆。

手指操 甜甜话

① 左右手握空拳，拇指向前弯两下，示指拇指对成圆圈举高，右手举眉头上做看的姿势。

② 左右手握拳，拇指向前弯两下，做小鸟飞姿势。

③ 左右手握拳，拇指向前弯两下，右手摸耳垂。

④ 右手手心向下，在左拳上水平转两下，放在胸口。

爱心贴士

孕妈妈做手指操，有利于手指的灵活性与柔韧性的提高。长期做手指操的孕妈妈思维会比不做手指操的妈妈灵活。

数九歌

一九、二九不出手，
三九、四九冰上走，
五九、六九沿河看柳，
七九河开，八九燕来，
九九加一九，耕牛遍地走。

手指操 **数九歌**

① 右手握拳，左手五指并拢，包住右手。

② 双手握拳，伸出示指与中指，两两相对。

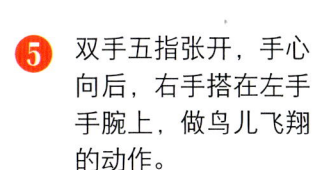

③ 伸出右手，五指并拢，手心向下。左手握拳，伸出示指，指向右手手心。

④ 双手五指并拢相对接触，在中指与无名指处张开30°角。

⑤ 双手五指张开，手心向后，右手搭在左手手腕上，做鸟儿飞翔的动作。

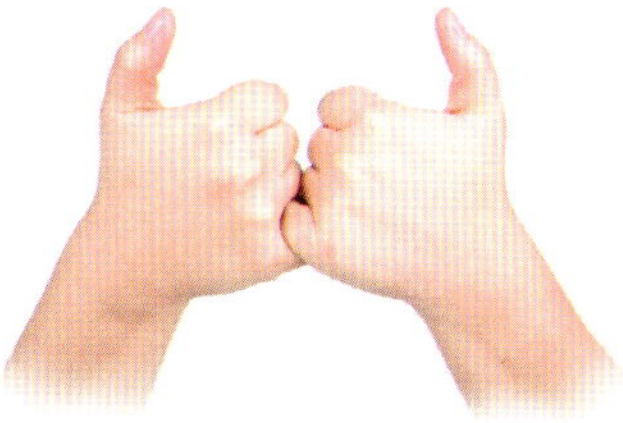

⑥ 双手握拳相对，小指相扣，拇指稍微弯曲，做牛角状。

爱心贴士

智能在于手动，健身莫光健脑，健脑莫光健手。孕妈妈坚持锻炼才能起到事半功倍的效果。

礼貌歌

好宝宝，懂礼貌，
见到客人问声好，
起立相迎带微笑，
遇到长辈鞠一躬，
热情大方抱一抱，
遇到同伴把手招，
手拉手儿向前跑。

手指操 礼貌歌

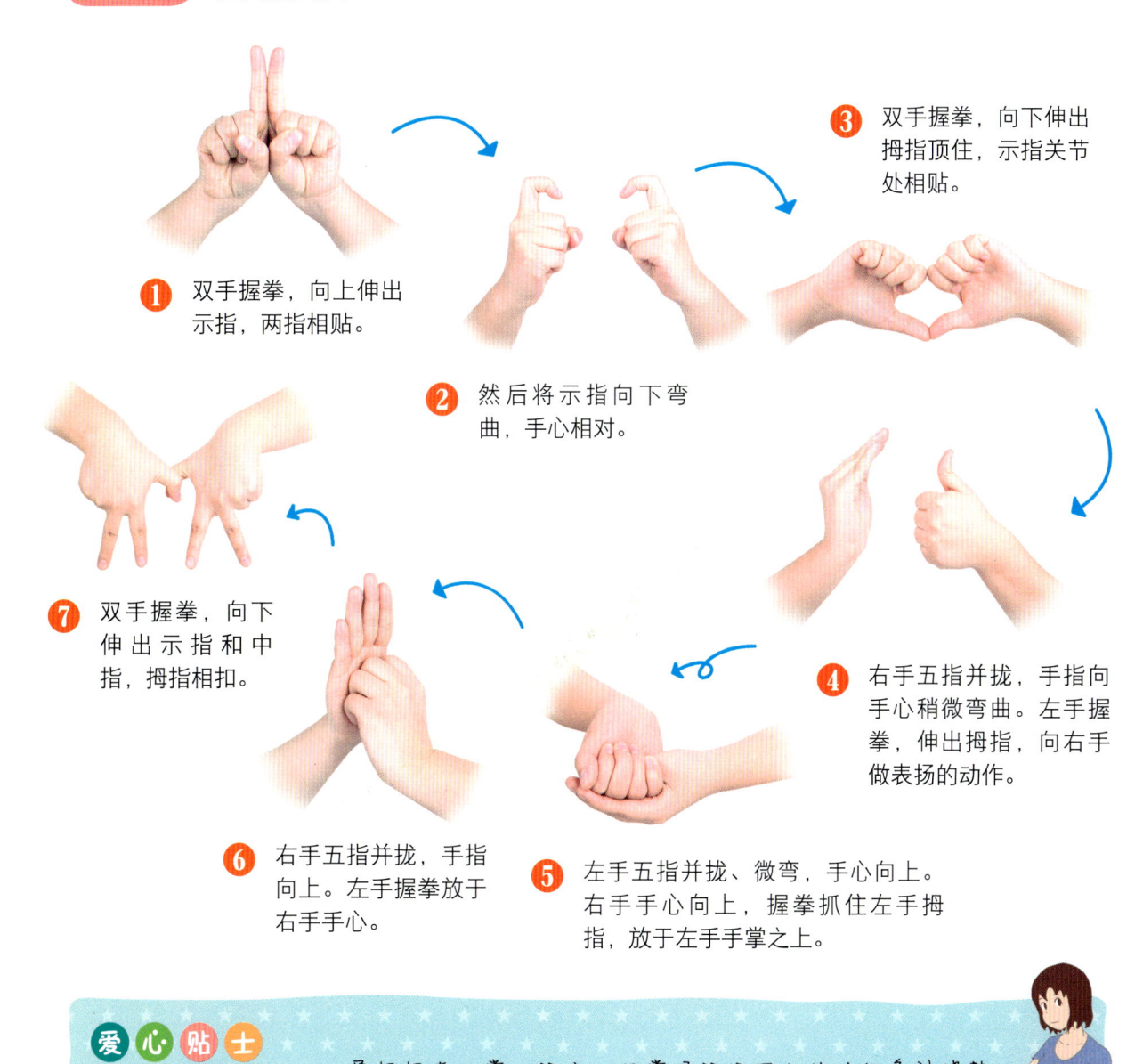

❶ 双手握拳，向上伸出示指，两指相贴。

❷ 然后将示指向下弯曲，手心相对。

❸ 双手握拳，向下伸出拇指顶住，示指关节处相贴。

❹ 右手五指并拢，手指向手心稍微弯曲。左手握拳，伸出拇指，向右手做表扬的动作。

❺ 左手五指并拢、微弯，手心向上。右手手心向上，握拳抓住左手拇指，放于左手手掌之上。

❻ 右手五指并拢，手指向上。左手握拳放于右手手心。

❼ 双手握拳，向下伸出示指和中指，拇指相扣。

爱心贴士

孕妈妈在日常生活中，经常灵活运用十指进行多种姿势的活动，大脑智能会在不知不觉中得到加强。

白云飘飘

白云飘飘,
白云飘飘,
白云飞得高。
白云飘飘,
白云飘飘,
向我微微笑。
白云飘飘,
白云飘飘,
要到哪里去?
白云飘飘,
白云飘飘,
我去找妈妈。

手指操 **白云飘飘**

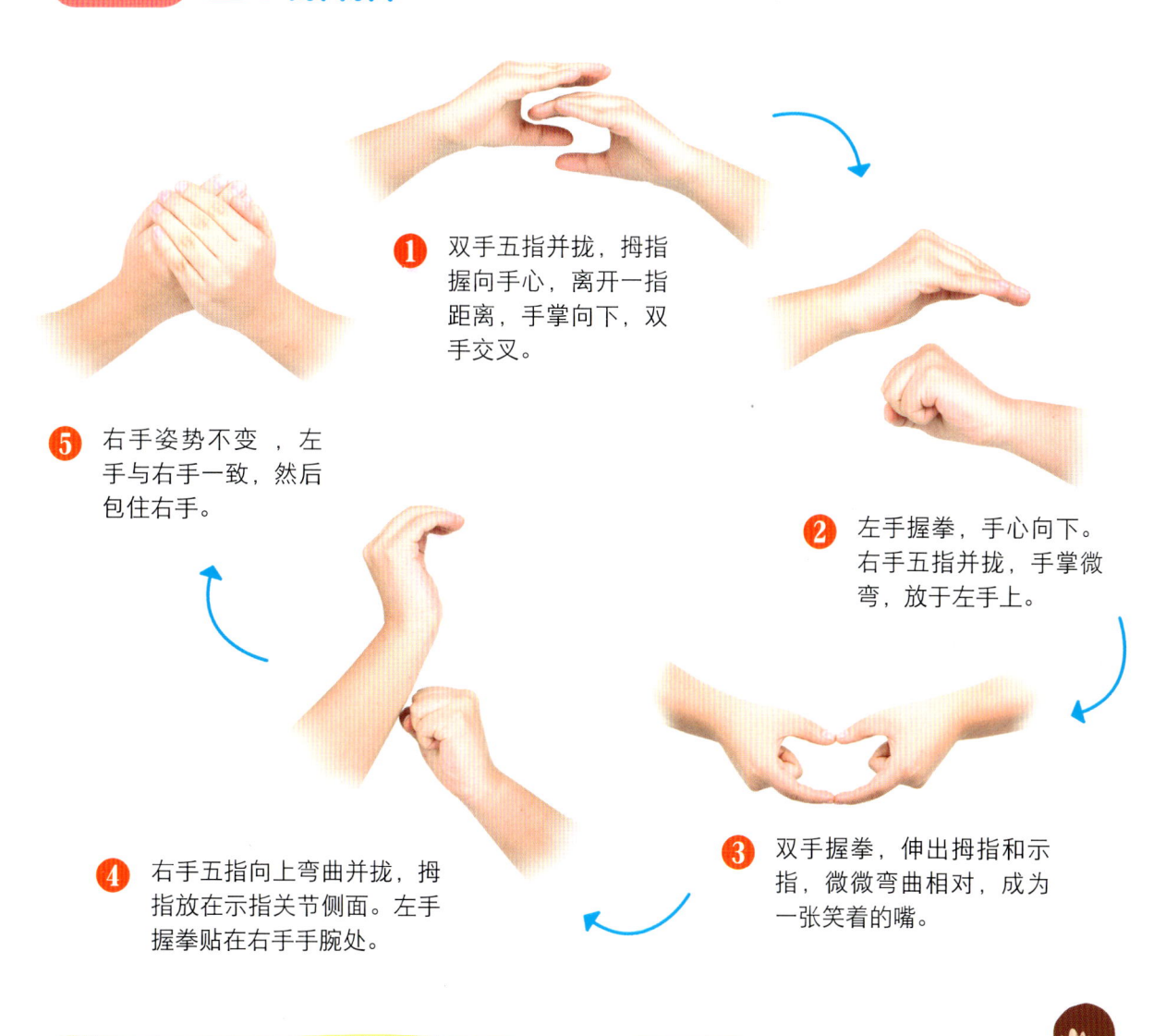

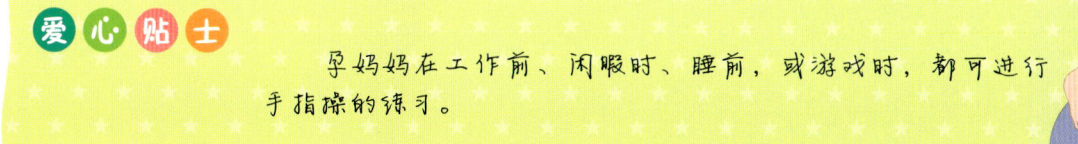

❶ 双手五指并拢，拇指握向手心，离开一指距离，手掌向下，双手交叉。

❷ 左手握拳，手心向下。右手五指并拢，手掌微弯，放于左手上。

❸ 双手握拳，伸出拇指和示指，微微弯曲相对，成为一张笑着的嘴。

❹ 右手五指向上弯曲并拢，拇指放在示指关节侧面。左手握拳贴在右手手腕处。

❺ 右手姿势不变，左手与右手一致，然后包住右手。

爱心贴士

孕妈妈在工作前、闲暇时、睡前，或游戏时，都可进行手指操的练习。

信的旅行

小信封,四方方,
去旅行贴邮票,
坐汽车,坐火车,
坐飞机,坐轮船,
世界各地全能到。

手指操 信的旅行

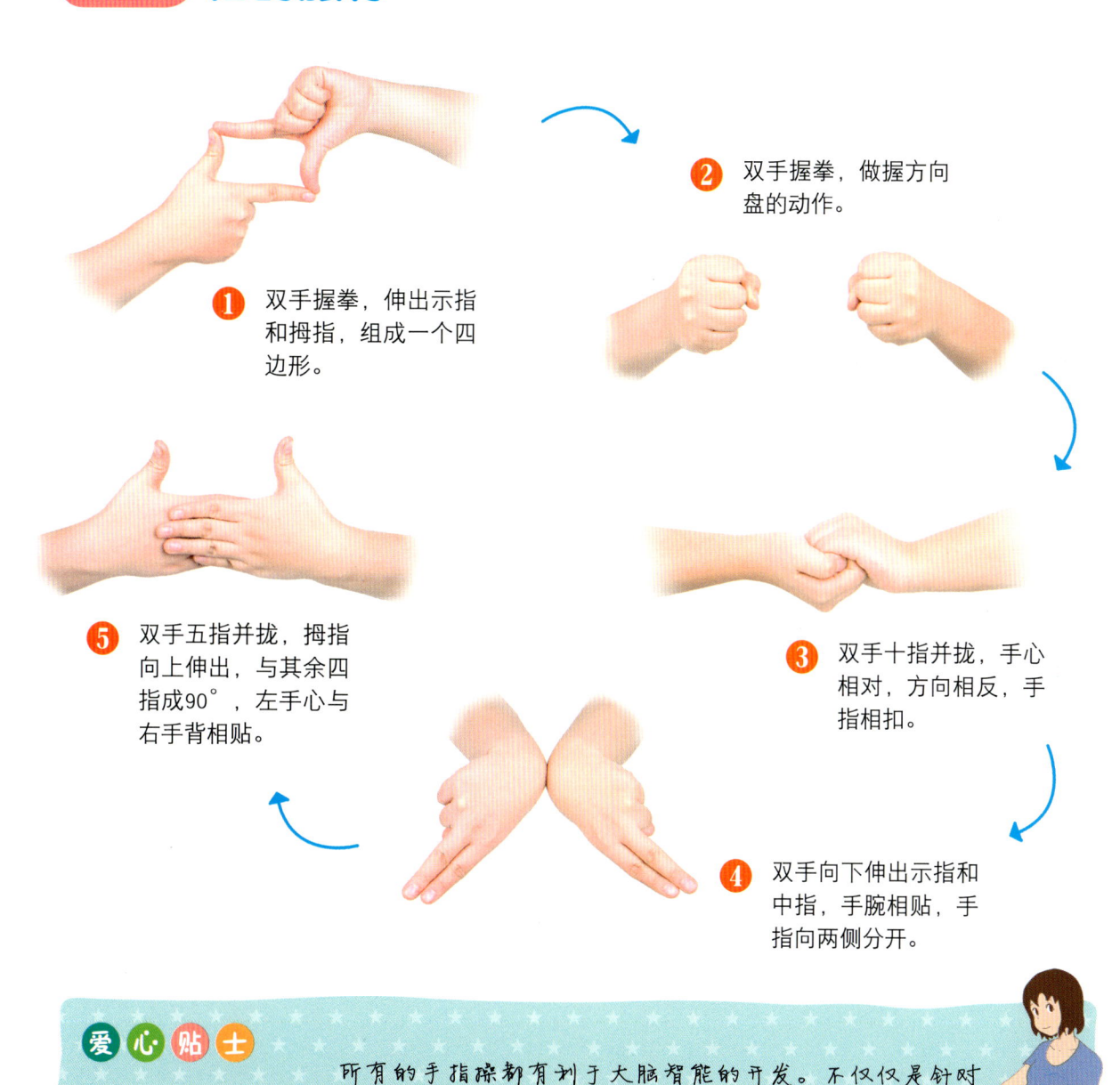

① 双手握拳，伸出示指和拇指，组成一个四边形。

② 双手握拳，做握方向盘的动作。

③ 双手十指并拢，手心相对，方向相反，手指相扣。

④ 双手向下伸出示指和中指，手腕相贴，手指向两侧分开。

⑤ 双手五指并拢，拇指向上伸出，与其余四指成90°，左手心与右手背相贴。

爱心贴士

所有的手指操都有利于大脑智能的开发。不仅仅是针对孕妈妈的大脑，更是为了丰富宝宝的大脑。

五个手指是一家

拇指是爸爸，爸爸开汽车，滴滴滴，
示指是妈妈，妈妈织毛衣，唰唰唰，
中指是哥哥，哥哥拍皮球，啪啪啪，
无名指是姐姐，姐姐梳小辫，编编编，
小拇指就是我，我爱我的一家！

手指操 五个手指是一家

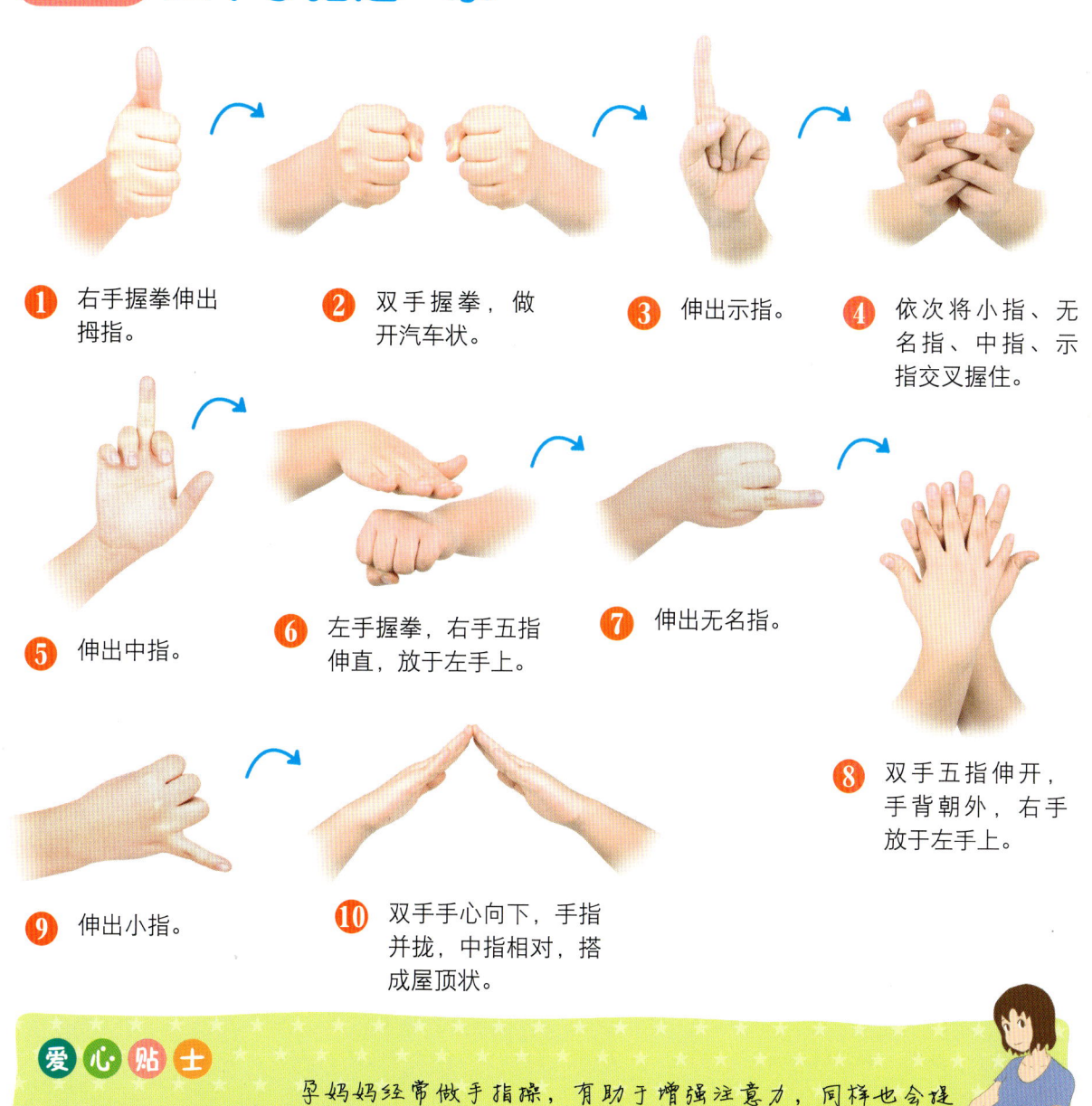

1. 右手握拳伸出拇指。
2. 双手握拳，做开汽车状。
3. 伸出示指。
4. 依次将小指、无名指、中指、示指交叉握住。
5. 伸出中指。
6. 左手握拳，右手五指伸直，放于左手上。
7. 伸出无名指。
8. 双手五指伸开，手背朝外，右手放于左手上。
9. 伸出小指。
10. 双手手心向下，手指并拢，中指相对，搭成屋顶状。

爱心贴士

孕妈妈经常做手指操，有助于增强注意力，同样也会提高宝宝的注意力。

数鸭子

我家养了一群鸭，
白白羽毛黄嘴巴，
游来游去找妈妈，
好像白云天上漂，
数数宝贝有几只？
一二三四六七八！

手指操 数鸭子

① 右手握拳，伸出示指与中指，做出鸭子嘴形状。左手五指并拢，手腕贴于右手小臂处。

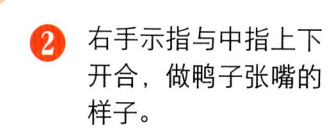

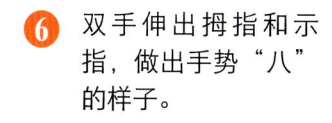

② 右手示指与中指上下开合，做鸭子张嘴的样子。

③ 右手握拳，水平伸出小指。

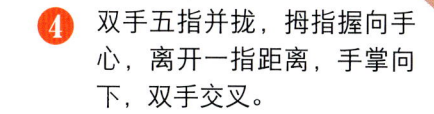

④ 双手五指并拢，拇指握向手心，离开一指距离，手掌向下，双手交叉。

⑤ 左手握拳伸出示指，做数数的姿势。

⑥ 双手伸出拇指和示指，做出手势"八"的样子。

爱心贴士

手指活动与人脑的发育有着极为重要的密切关系，在做手指游戏活动时，大脑、眼、手同时协调运动。

看大戏

拉大锯、扯大锯,
姥家门口看大戏。
爸爸去,妈妈去,
小宝宝也要去。
妈妈不让去,
嫌他太淘气。
不让去,也得去,
骑个小车赶上去。

手指操 看大戏

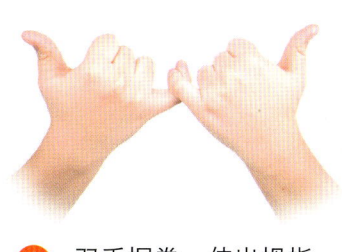

① 双手握拳，伸出拇指与小指，小指相扣。

② 双手握拳，左手伸出小指，右手伸出拇指，二指相贴。

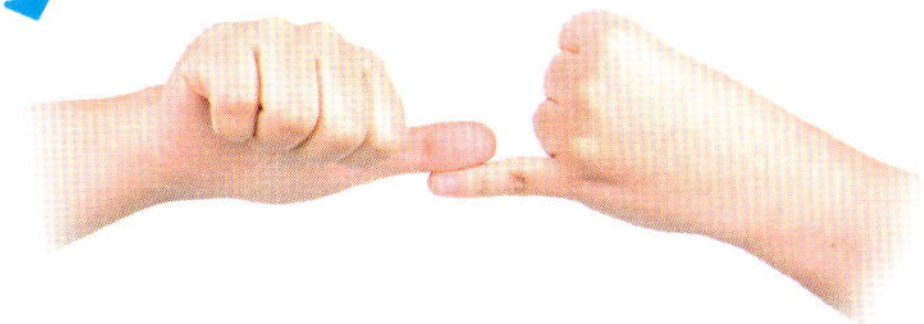

③ 右手不变，左手握住右手拇指。

④ 双手握拳，伸出拇指与小指，左手拇指与右手小指相顶。

⑤ 双手放平五指并拢，右手垂直放在左手手心。

⑥ 右手五指张开，微微弯曲，拇指示指相捏。左手握拳，伸出示指弯曲，贴于右手示指。

爱心贴士

手指的协调运动，对视觉、听觉、触觉、语言等功能的发展也有着极大的促进作用。

看弟弟

小淘气,真滑稽,
妈妈做事他看弟,
又扮猴子又装鸡,
逗得弟弟笑嘻嘻。

手指操 看弟弟

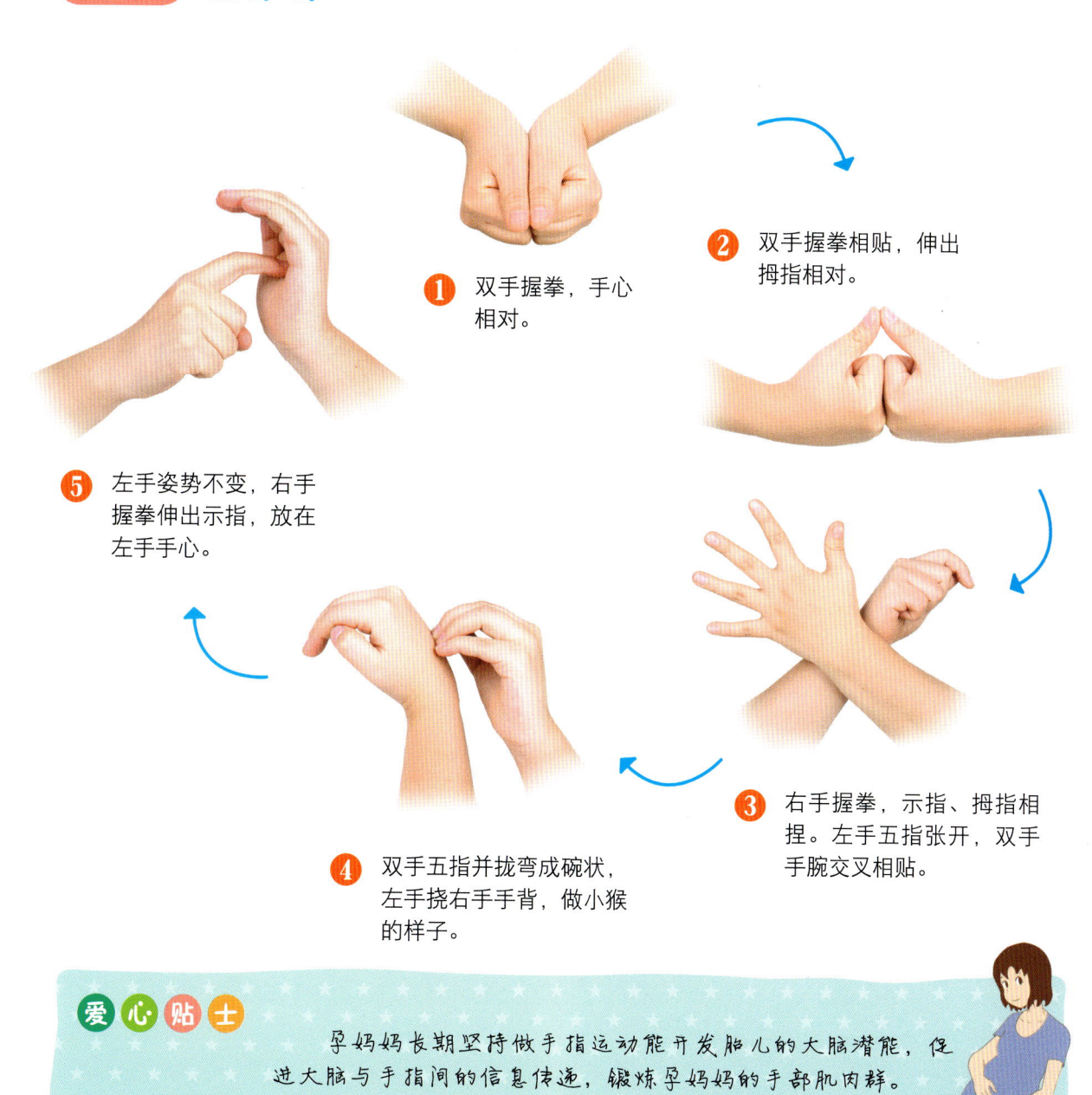

① 双手握拳，手心相对。

② 双手握拳相贴，伸出拇指相对。

③ 右手握拳，示指、拇指相捏。左手五指张开，双手手腕交叉相贴。

④ 双手五指并拢弯成碗状，左手挠右手手背，做小猴的样子。

⑤ 左手姿势不变，右手握拳伸出示指，放在左手手心。

爱心贴士

孕妈妈长期坚持做手指运动能开发胎儿的大脑潜能，促进大脑与手指间的信息传递，锻炼孕妈妈的手部肌肉群。

打 鼓

咚咚咚咚咚，
小兔学打鼓。
小鼓气呼呼，
瞪眼问小兔：
打我几声鼓？
小兔忙回答：
一二三四五。

手指操 打鼓

① 右手握拳，向上伸出示指和中指，做成兔子耳朵。左手握住左手手腕，小指向侧面伸出，做成兔子尾巴。

② 左手握拳，右手伸出示指，放于左手上。

③ 双手握拳，伸出示指和中指，右手两指向下弯曲。

④ 双手五指伸开，手心向外。

爱心贴士

手指操取材来源于生活，简单、容易操作。如果配合节奏明快、优美的音乐，就更加完美了。

小蚂蚁搬大虫

一只蚂蚁爬出洞,
看见一只大青虫。
推一推,摇一摇,
大虫一动也没动。
小蚂蚁,跑回洞,
叫来一群小伙伴。
大家扛起大青虫,
高高兴兴抬回洞。

手指操 小蚂蚁搬大虫

① 双手五指伸开,示指与中指相捏,围成圆形。

② 左手五指并拢成掌形,右手握拳搭在左手手心。

③ 双手十指交叉握住,拇指向上伸出。

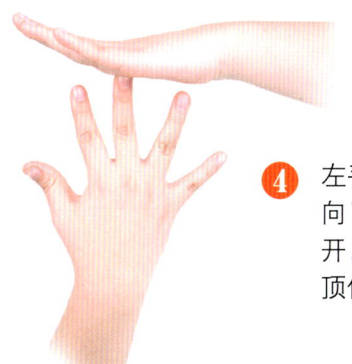

④ 左手五指并拢,手心向下。右手五指张开,手心向内,中指顶住左手手心。

爱心贴士

当孕妈妈有规则地活动手指时,通过经络的传递,既开发了胎宝宝的左右脑,又刺激内脏,从而激发其细胞的活力。

蒲公英

蒲公英，小伞兵，
风儿吹，满天飞，
一落落在青草坪，
长出一片蒲公英。

手指操 蒲公英

❶ 双手十指张开，微微弯曲，示指向下，压住拇指指背，手腕相贴。

❷ 右手五指并拢，手掌微弯，手心向下。左手握拳，伸出示指和中指顶在右手手心。

❸ 双手手指向上，五指分开做抓的姿势，手腕相贴。

❹ 右手姿势保持不变，左手五指并拢，手心向上拖住右手。

爱心贴士

手指操可以促进孕妈妈的新陈代谢，排出体内的垃圾，使气血更顺畅。

看着容易做着难

饺子这么尖,
元宵这么圆,
油条这么长,
煎饼这么薄,
看着容易做着难。

手指操 看着容易做着难

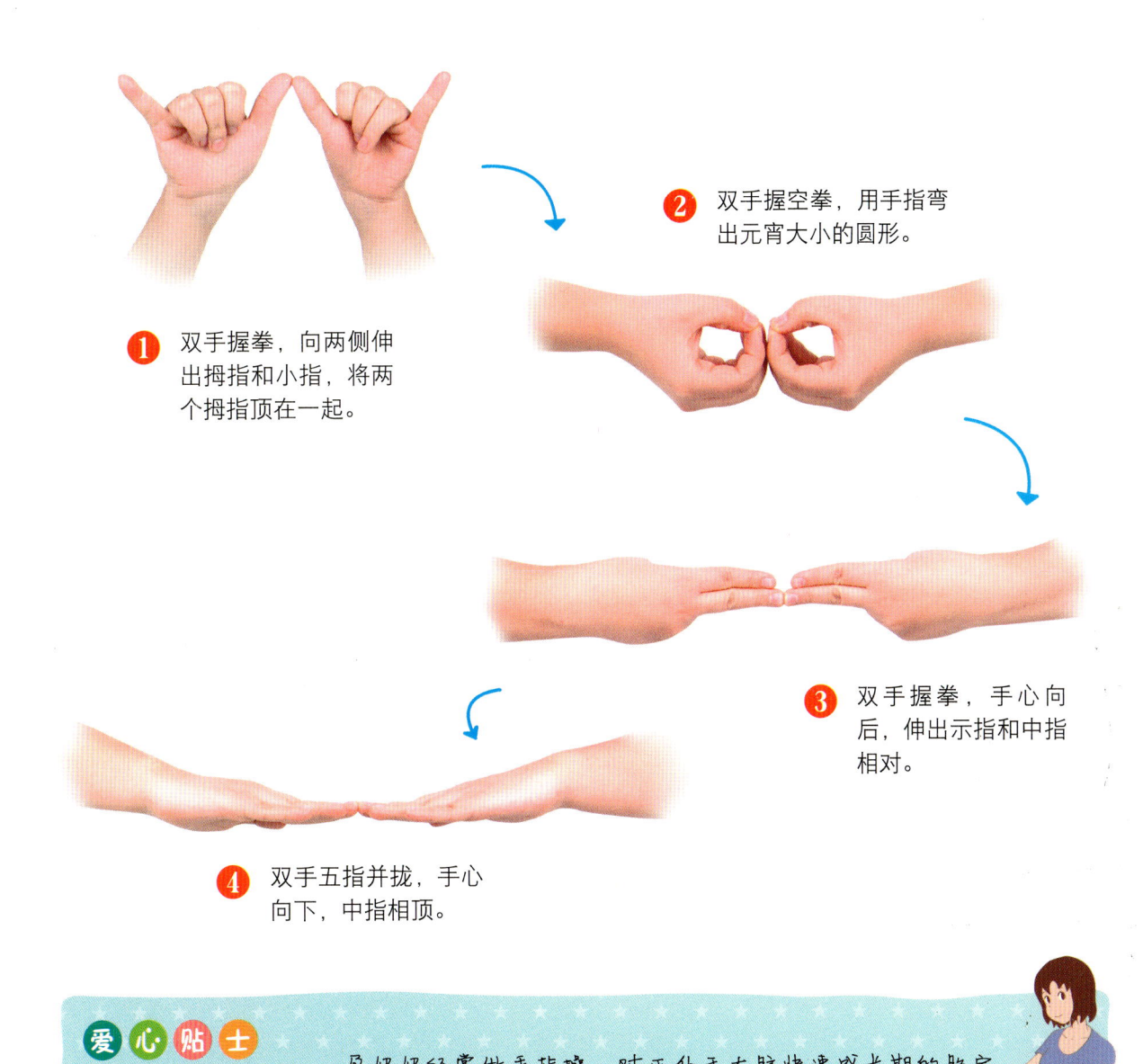

❶ 双手握拳，向两侧伸出拇指和小指，将两个拇指顶在一起。

❷ 双手握空拳，用手指弯出元宵大小的圆形。

❸ 双手握拳，手心向后，伸出示指和中指相对。

❹ 双手五指并拢，手心向下，中指相顶。

爱心贴士

孕妈妈经常做手指操，对正处于大脑快速成长期的胎宝宝而言，可以均衡左右脑的发育，开发其大脑的潜能。

103

小 鸡

一只小鸡,叽,
两只小鸡,叽叽,
黄黄羽毛,
当大衣,
走来又走去,
只想吃东西。

手指操 小 鸡

1. 双手握拳，伸出示指，手指垂直相搭。

2. 然后伸出中指相搭。

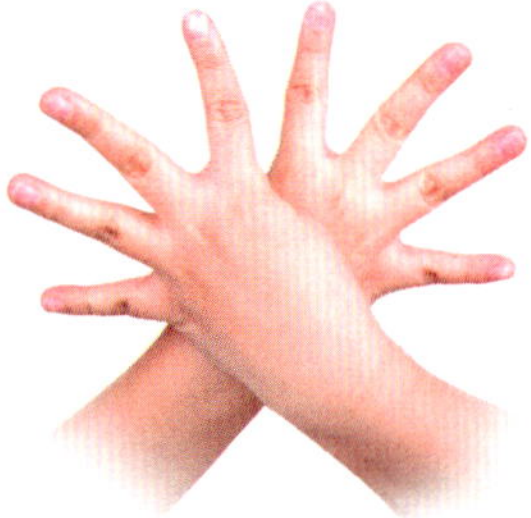

3. 双手五指张开，拇指收回。左手手腕搭在右手手背。

4. 右手握拳，左手包住右手。

5. 左手五指张开，手心向下，手指略微向后翘。右手握拳，伸出示指和中指，搭在左手手腕。

6. 双手握拳，左手向侧面伸出拇指。右手伸出示指和拇指抓住左手拇指。

爱心贴士

孕妈妈长期坚持做手指运动能有效地促进其大脑与手指间的信息传递。

哄妞妞

妞妞哭,呜呜呜,
不哭不哭快进屋,
糖拿来,果拿来,
剥块糖,吃个果,
妞妞笑,哈哈哈
张开小嘴叫姑姑。

手指操 哄妞妞

1. 双手五指并拢，手指微弯，手心向后相贴。

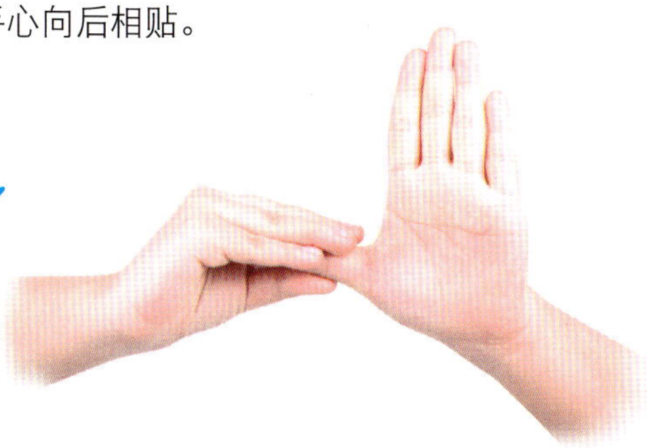

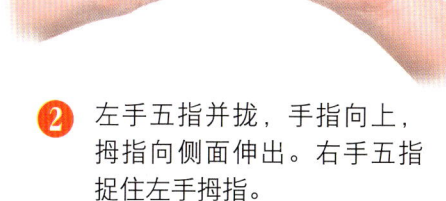

2. 左手五指并拢，手指向上，拇指向侧面伸出。右手五指捉住左手拇指。

3. 左手五指并拢，手心向上。右手五指张开，示指与拇指垂直于其他手指放于左手手心。

4. 双手握拳，伸出示指和拇指，两两相对，组成一张笑着的嘴。

爱心贴士

简单易行的手指操，配合有趣的、琅琅上口的生动童谣，让胎宝宝在快乐中健脑又健身。

四季歌

春是三角形的,
小草尖尖钻出来,
夏天是圆形的,
西瓜圆圆滚出来,
秋天是梯形的,
谷子满满堆出来,
冬天是六边形的,
雪花片片飘下来。

手指操 四季歌

① 双手五指并拢，手心向外，横向伸出拇指相顶，示指相顶，组成一个三角形。

② 双手握拳，右手向上伸出示指。左手伸出示指和中指夹住右手示指。

③ 双手五指张开，交叉弯曲，拇指相对，做捧球状。

④ 左手五指并拢，手心向上。右手握拳，拳面贴于左手手心。

⑤ 双手握拳，伸出拇指相对，示指向下，组成梯形。

⑥ 双手五指并拢，手心相对，中指相搭，拇指向中间伸出顶住，用手组成一个三角形。

⑦ 双手五指张开，手指向对。

⑧ 双手做兰花指的动作，手心向上，无名指相顶。

爱心贴士

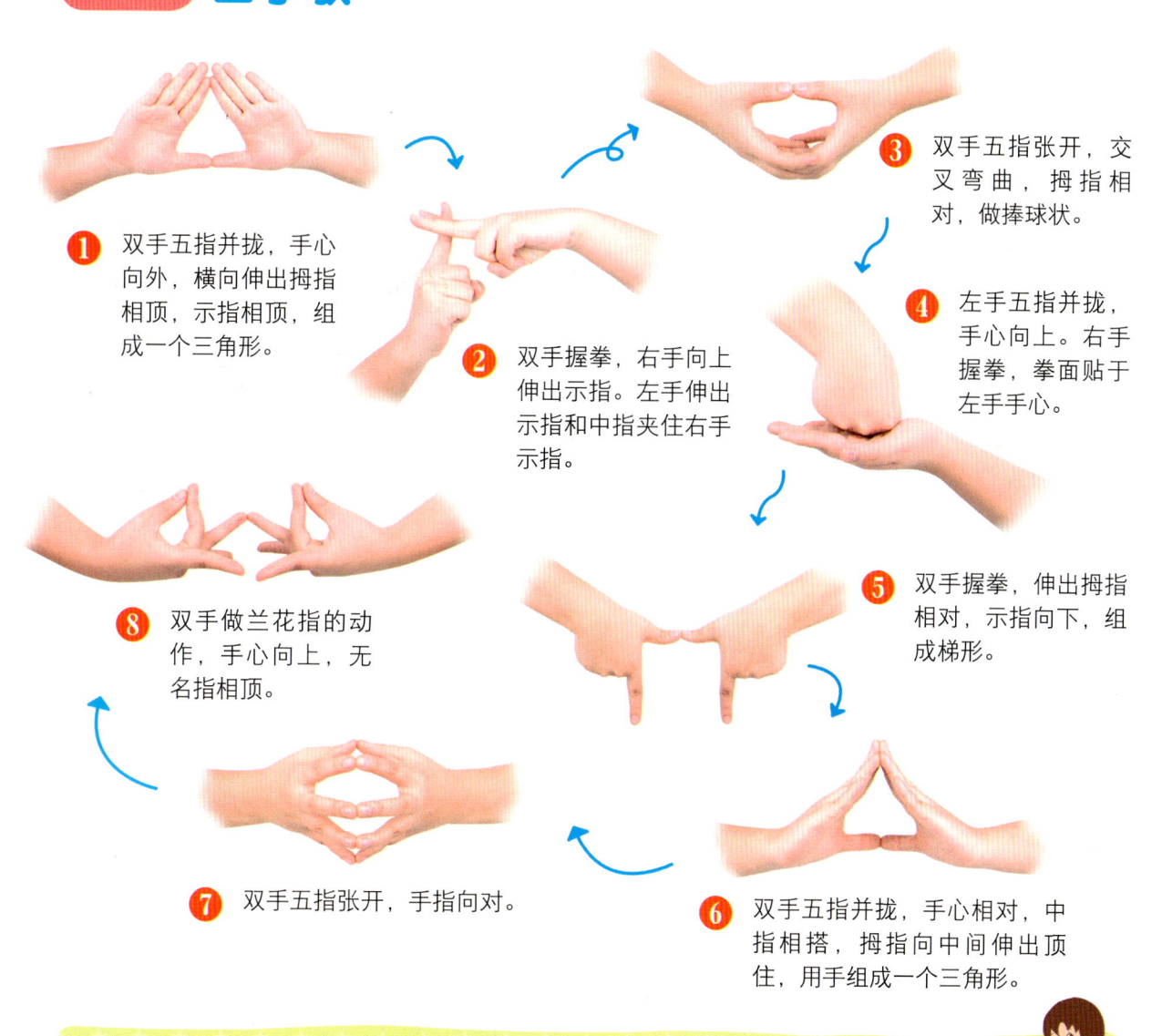

手指操不仅能锻炼手部肌肉，缓解手部、腕部疲劳，防止指关节变形，而且可以很好地放松大脑。

我爱我家

爸爸陪我踢足球,
妈妈画鱼水里游,
抱抱好爸爸,
亲亲好妈妈,
宝宝在长大,
更爱我的家。

手指操 **我爱我家**

❶ 左手握空拳，示指与拇指对捏，形成圆形。右手握拳，向下伸出中指和示指，做踢球的姿势。

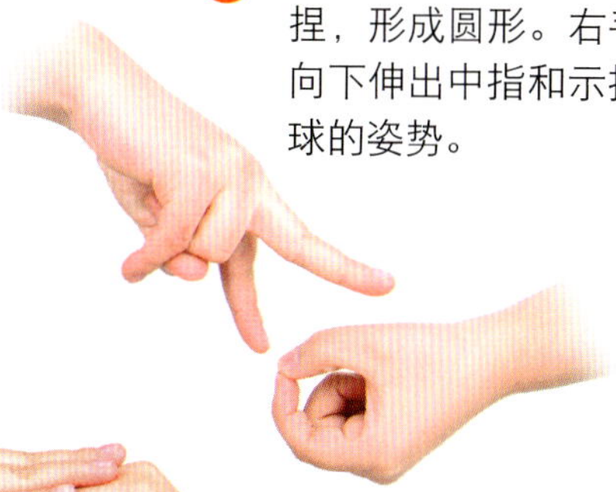

❷ 双手手心相对，十指交叉，向前伸出示指与中指。

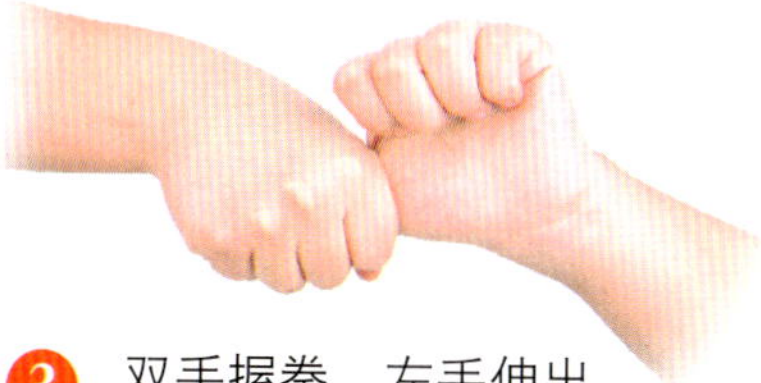

❸ 双手握拳，左手伸出拇指，右手用虎口方向握住左手拇指。

❹ 左手姿势不变，右手伸出拇指，用小指方向握住左手拇指。

❺ 双手五指并拢，手腕相贴，指尖各自手背方向伸出。

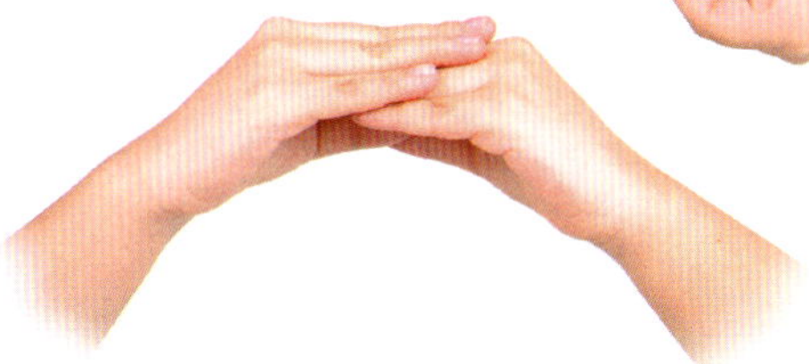

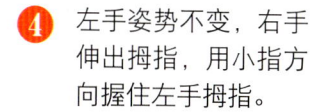

❻ 双手五指并拢，手指与手掌成90°，右手握住左手四指。

爱心贴士 孕期中很多孕妇的情绪都不稳定，一旦精神涣散、难以集中，就会影响胎宝宝的发育。手指操可以集中孕妈妈的精力，让一切有用的正能量进入体内。

梅花朵朵开

冬天来,冬天来,
梅花朵朵开,
梅花开,梅花开,
数数有几瓣?
一二三四五,
梅花有五瓣。

手指操 梅花朵朵开

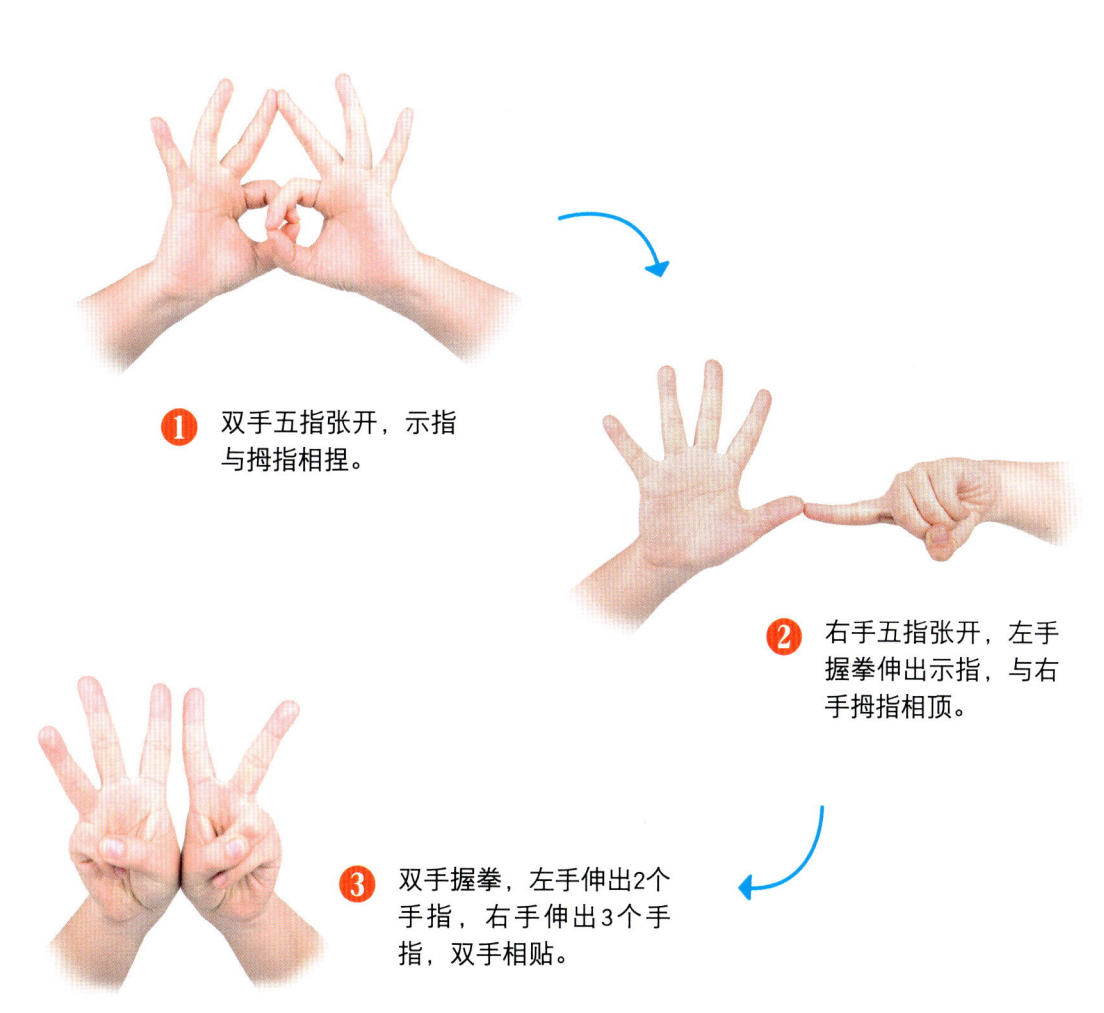

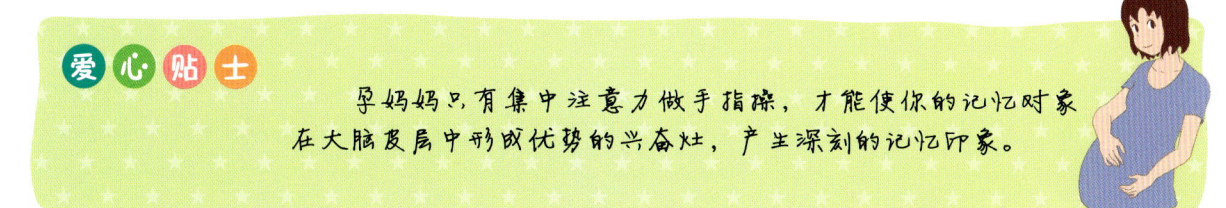

❶ 双手五指张开，示指与拇指相捏。

❷ 右手五指张开，左手握拳伸出示指，与右手拇指相顶。

❸ 双手握拳，左手伸出2个手指，右手伸出3个手指，双手相贴。

爱心贴士

孕妈妈只有集中注意力做手指操，才能使你的记忆对象在大脑皮层中形成优势的兴奋灶，产生深刻的记忆印象。

健康操

左三圈,右三圈,
脖子扭扭,屁股扭扭,
我们一起来做运动。
抖抖手,抖抖脚,
做个深呼吸,
天天锻炼身体好,
爸爸妈妈不会老!

手指操 健康操

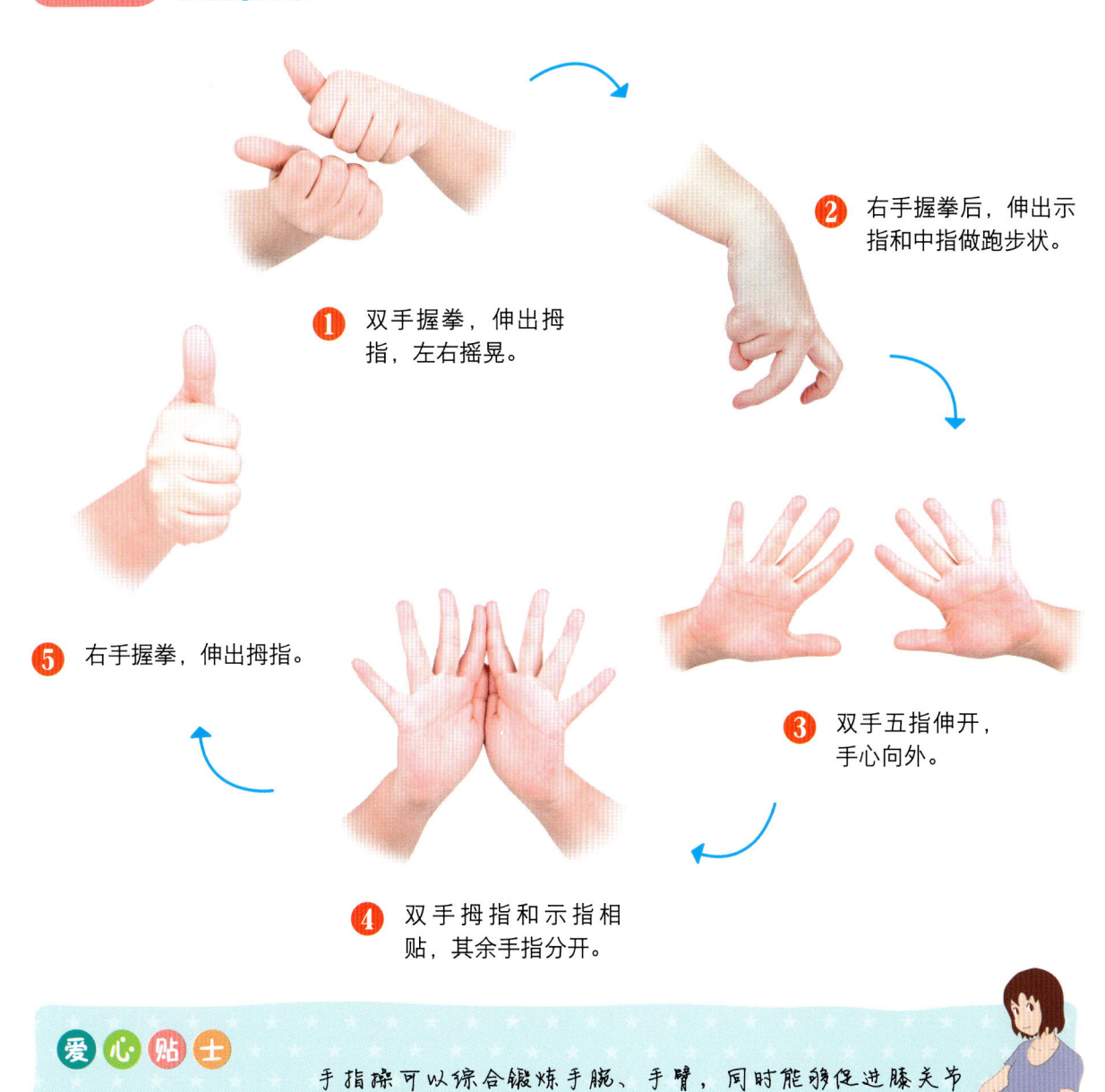

① 双手握拳，伸出拇指，左右摇晃。

② 右手握拳后，伸出示指和中指做跑步状。

③ 双手五指伸开，手心向外。

④ 双手拇指和示指相贴，其余手指分开。

⑤ 右手握拳，伸出拇指。

爱心贴士

手指操可以综合锻炼手腕、手臂，同时能够促进膝关节附近的淋巴循环，增强身体抵抗力。

摇到外婆桥

摇呀摇,摇呀摇,
摇到外婆桥,
外婆给我做糕糕,
又香又甜味道好。
摇呀摇,摇呀摇,
摇到外婆桥,
外婆给我包水饺,
吃了个头长得高。
我和外婆最最好!

手指操 摇到外婆桥

① 双手握拳，伸出示指相顶，搭成桥的样子。

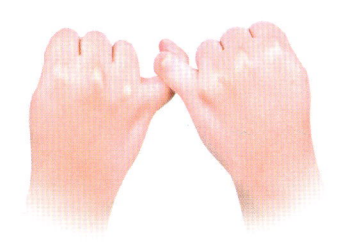

② 双手握拳，手心向后，小指相扣。

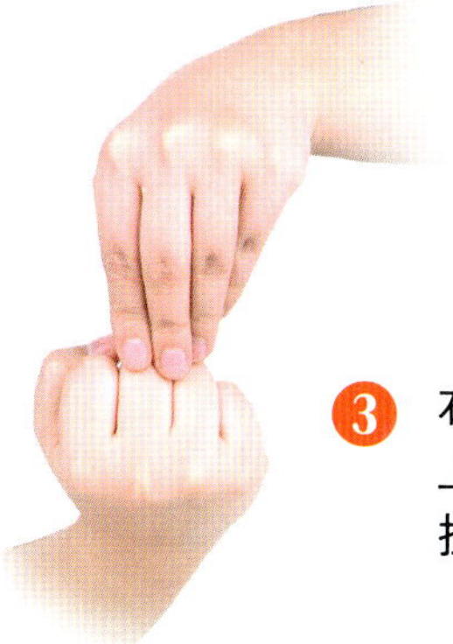

③ 右手握拳，手心向上。左手手指并拢，捏住中指关节处。

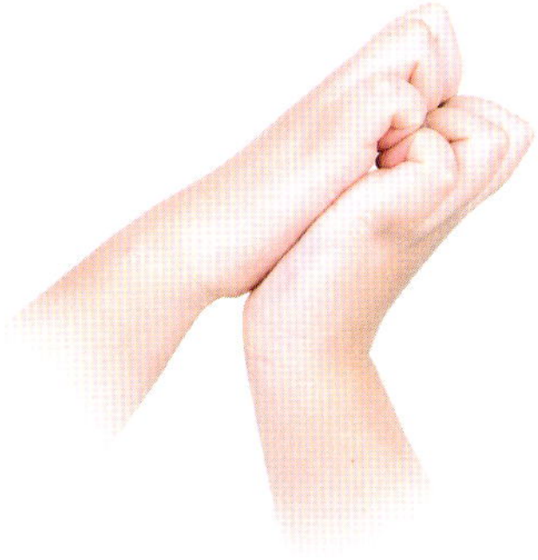

④ 双手手指并拢，成虎爪状，手心相贴，向一侧倾斜。

爱心贴士

孕妈妈做手指操能让紧张工作的大脑得到很好的休息，将做手指操当做一种游戏。

照 相

小相机手中拿，
照爸爸笑哈哈，
照妈妈头戴花，
照爷爷白胡须，
照奶奶，切西瓜，
我的技术好，
都把我来夸！

手指操 照 相

① 右手手指并拢，手心向上。左手握空拳，手心向下，与右手距离两指。

② 右手握拳，伸出拇指和示指，做出"八"的手势。

③ 双手兰花指，手背相贴，小指向上伸出。

④ 右手五指分开，手指向下。左手握拳，手心贴在右手手背处。

⑤ 左手握拳，手心向下。右手五指并拢，做切的姿势，放在左手手背上。

⑥ 双手握拳，向上伸出拇指，做出表扬的姿势。

爱心贴士 孕妈妈经常以手指为中心进行各种活动，可以使大脑及肩得到刺激，保持神经系统的青春活力，对老年痴呆也可以起到预防作用。

包饺子

妈妈和和馅,
爸爸揉揉面,
奶奶擀擀皮,
爷爷包饺子,
我给饺子排排队,
水开了,下饺子,
游呀游呀煮熟了,
大口大口吃得香。

手指操 包饺子

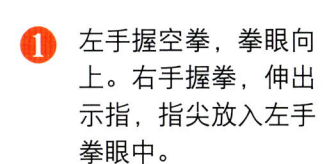

① 左手握空拳，拳眼向上。右手握拳，伸出示指，指尖放入左手拳眼中。

② 双手五指并拢，左手手心向上，右手垂直放在左手手心上。

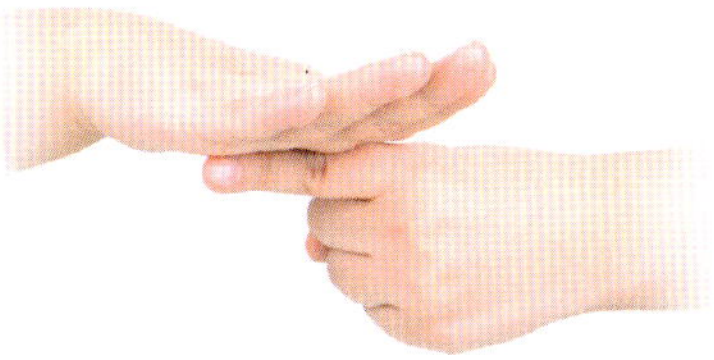

③ 右手五指并拢，手心向下。左手握拳，伸出示指，垂直平放于右手手心处。

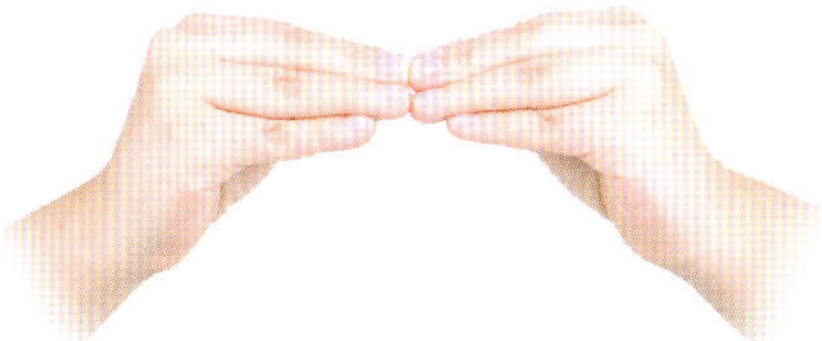

④ 双手五指相捏，相对。

⑤ 双手做兰花指，拇指相贴。

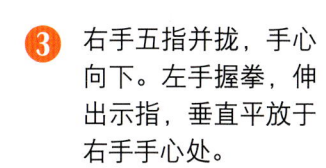

⑥ 双手五指向内交叉，手腕相贴。

爱心贴士 手指勤于活动，对人的智力、体力都极为有益。没时间真正的包饺子就和宝宝一起做包饺子手指操吧。

121

做汤圆

揉一揉,搓一搓,
做呀做,做汤圆,
芝麻花生包里面。
小汤圆,圆又圆,
像月亮,挂天边,
吃到嘴里甜又甜。

手指操 做汤圆

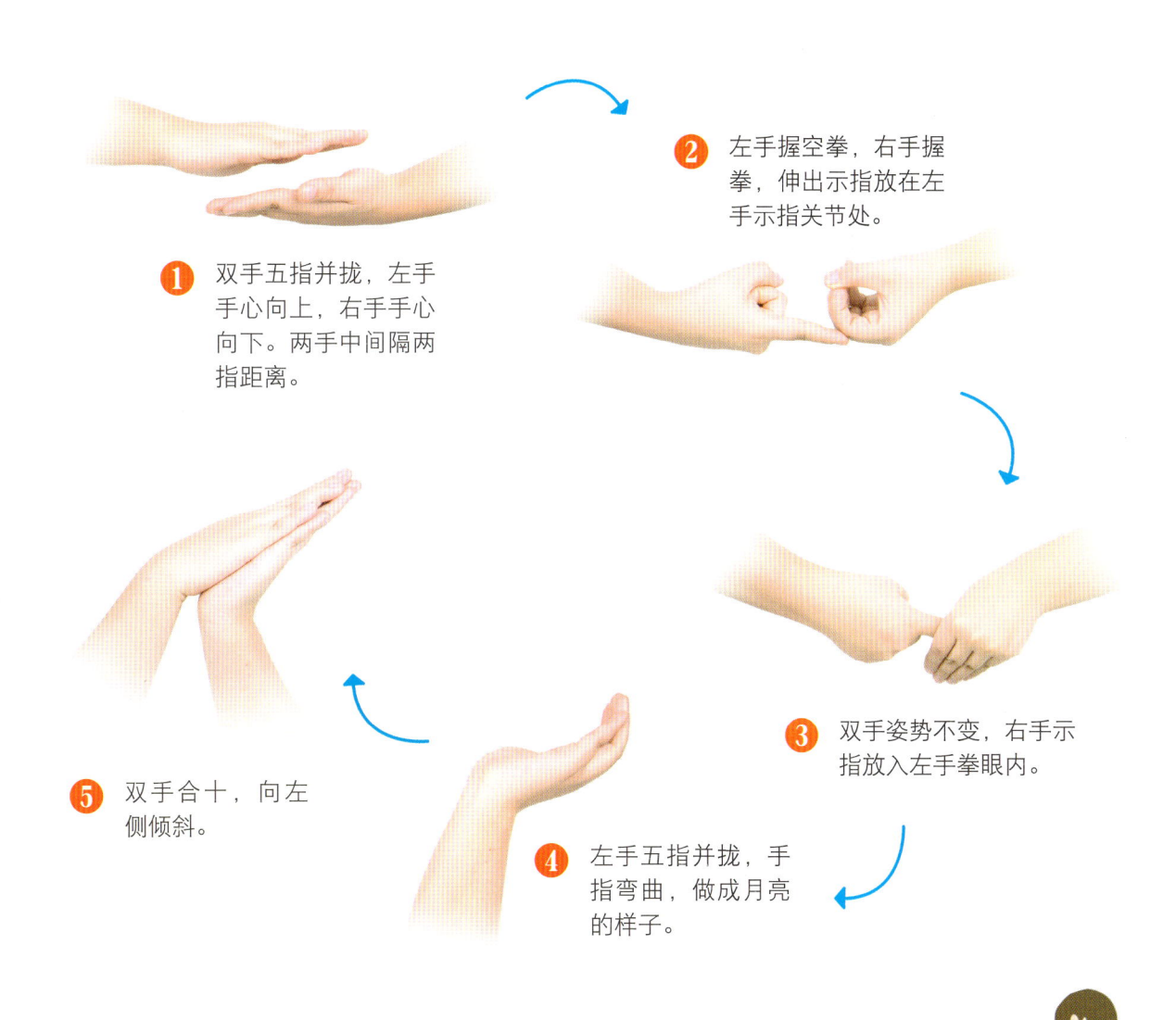

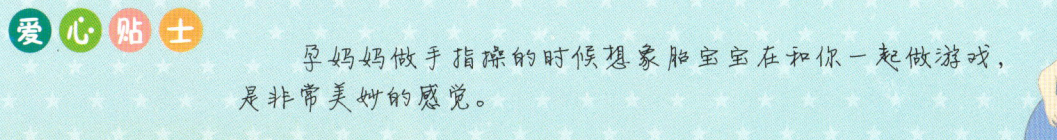

① 双手五指并拢，左手手心向上，右手手心向下。两手中间隔两指距离。

② 左手握空拳，右手握拳，伸出示指放在左手示指关节处。

③ 双手姿势不变，右手示指放入左手拳眼内。

④ 左手五指并拢，手指弯曲，做成月亮的样子。

⑤ 双手合十，向左侧倾斜。

爱心贴士

孕妈妈做手指操的时候想象胎宝宝在和你一起做游戏，是非常美妙的感觉。

小桌子

小桌子，四条腿，
我给奶奶嗑瓜子。
奶奶嫌我脏，
我给奶奶下面汤。
面汤里面放香油，
奶奶吃完点点头。

手指操 小桌子

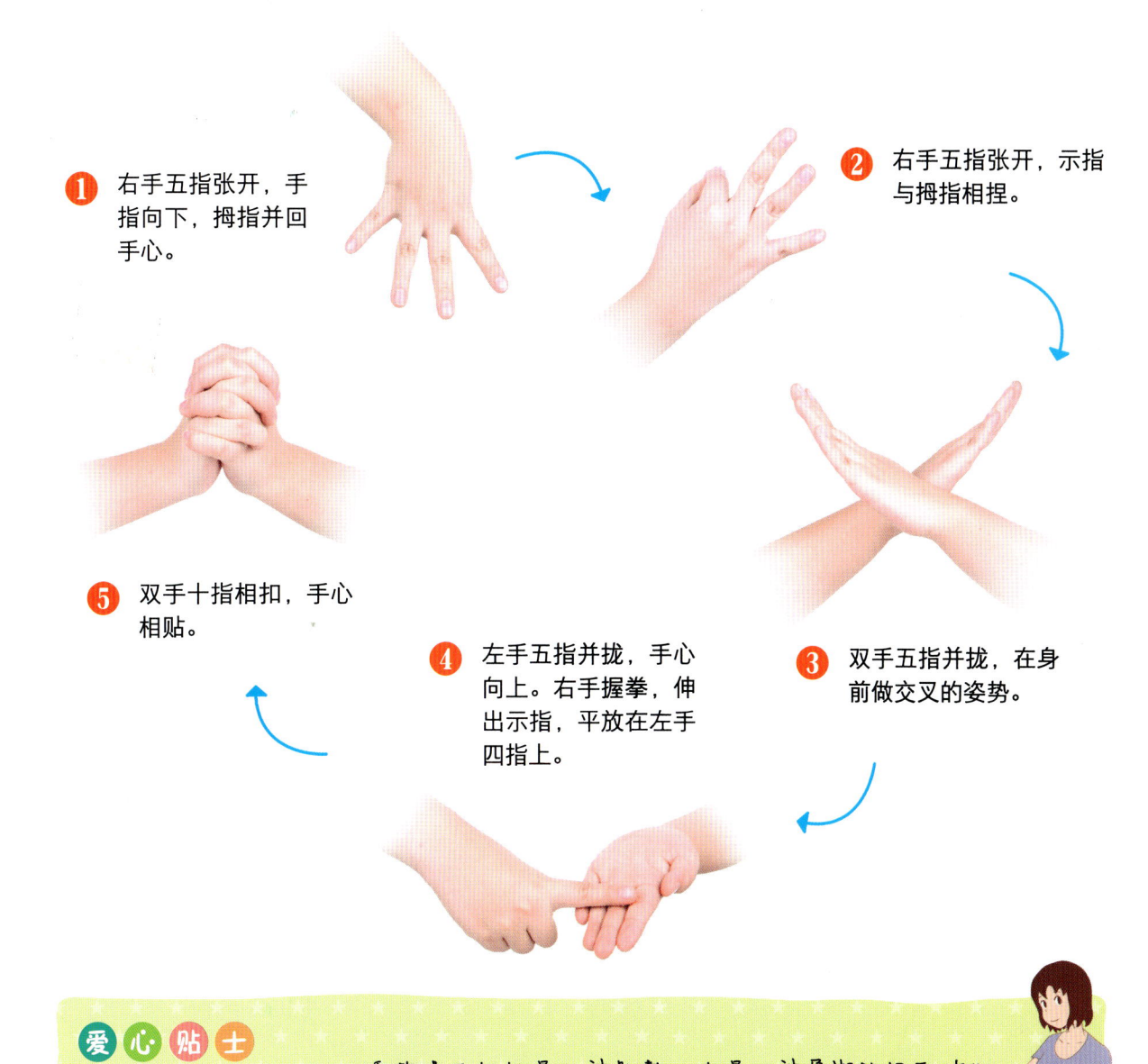

1. 右手五指张开，手指向下，拇指并回手心。

2. 右手五指张开，示指与拇指相捏。

3. 双手五指并拢，在身前做交叉的姿势。

4. 左手五指并拢，手心向上。右手握拳，伸出示指，平放在左手四指上。

5. 双手十指相扣，手心相贴。

爱心贴士

手指操不仅仅是一种胎教，也是一种孕期积极面对生活的表现。

喂老猫

咪咪猫,上高窑,
金蹄蹄,银爪爪,
上树树,逮鸟鸟,
逮下鸟鸟,喂老猫。

手指操 喂老猫

① 右手握拳，小指第一节指骨伸直，其他两节弯曲，拇指伸直，左手握住右手手掌。

② 双手五指并拢，弯向手心，做成猫爪的样子。

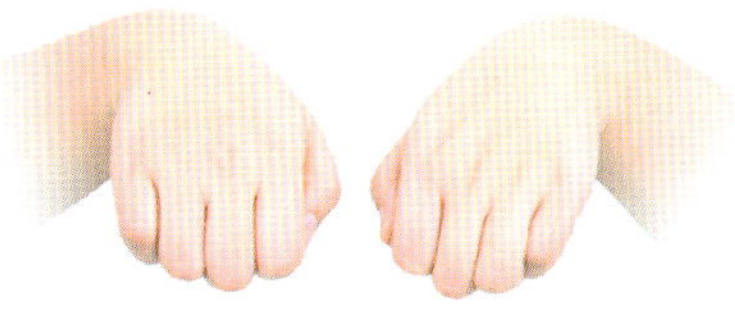

③ 右手五指并拢，手指向上。左手五指张开并弯曲，搭在右手手心处。

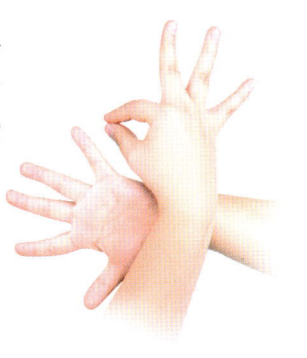

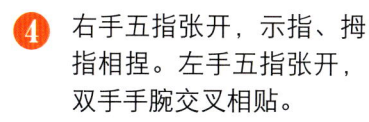

④ 右手五指张开，示指、拇指相捏。左手五指张开，双手手腕交叉相贴。

⑤ 双手手握拳，右手小指第一节指骨伸直，其他两节弯曲，拇指伸直。左手示指包住拇指指尖。

爱心贴士

孕期会有很多的不适，手指操也许不会解除所有的问题，但却不失为一个排解不适的小方法。

小花猫照镜子

小花猫,喵喵叫,
不洗脸,把镜照。
左边照,右边照,
埋怨镜子脏,
气得胡子翘。

手指操 小花猫照镜子

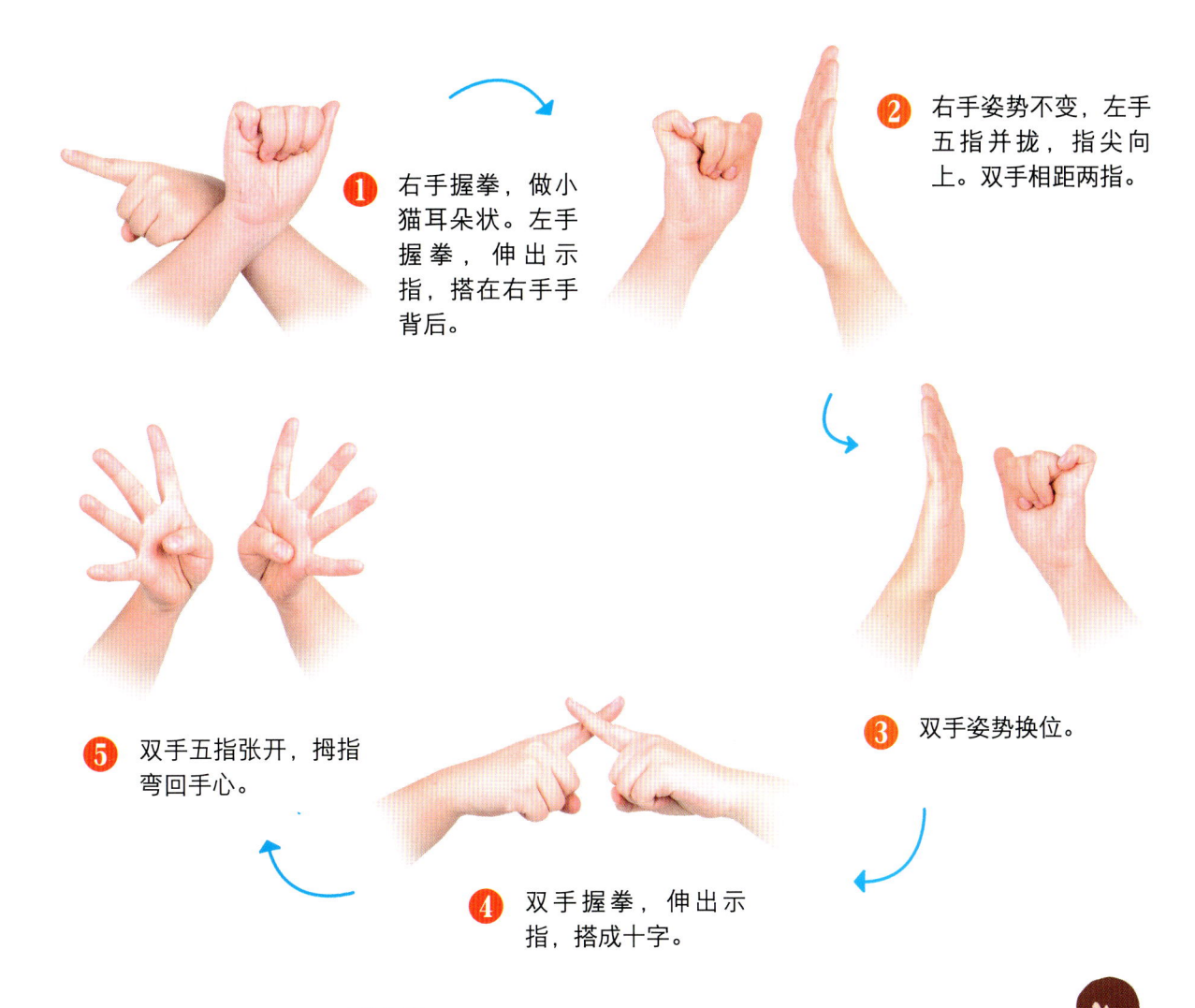

① 右手握拳，做小猫耳朵状。左手握拳，伸出示指，搭在右手手背后。

② 右手姿势不变，左手五指并拢，指尖向上。双手相距两指。

③ 双手姿势换位。

④ 双手握拳，伸出示指，搭成十字。

⑤ 双手五指张开，拇指弯回手心。

爱心贴士

抚摸肚子里的胎宝宝，告诉他运动的时间到了，然后倒数1、2、3，我们开始做操吧。

129

手指兄弟

一个手指点点，
两个手指敲敲，
三个手指捏捏，
四个手指挠挠，
五个手指拍拍，
五个兄弟爬上山，
叽里咕噜滚下来。

手指操 手指兄弟

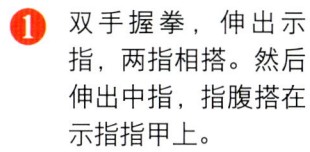

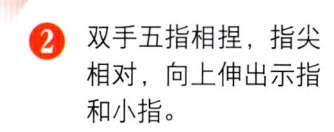

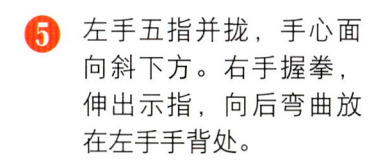

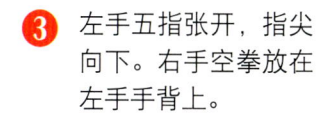

❶ 双手握拳，伸出示指，两指相搭。然后伸出中指，指腹搭在示指指甲上。

❷ 双手五指相捏，指尖相对，向上伸出示指和小指。

❸ 左手五指张开，指尖向下。右手空拳放在左手手背上。

❹ 双手合十。

❺ 左手五指并拢，手心面向斜下方。右手握拳，伸出示指，向后弯曲放在左手手背处。

❻ 双手示指相对。

爱心贴士

做做胎教使胎宝宝建立起条件反射，进而促进其大脑功能、躯体运动功能、感觉功能及神经系统功能的成熟。

小手变魔术

我有一双小小手,
什么东西都会变,
变成星星闪呀闪,
变成风车转呀转,
变成蝴蝶飞呀飞,
变成螃蟹横着走。

手指操 小手变魔术

❶ 双手五指张开，手心向前。

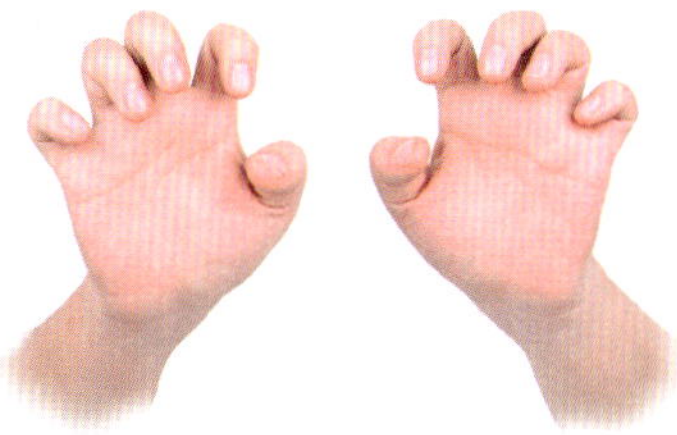

❷ 双手五指向手心勾回。

❸ 双手五指并拢，拇指分别压在各自手的小指指甲上。右手手腕贴在左手手腕后侧。

❹ 双手五指张开，除拇指外，其余手指向手心弯曲，双手手腕相贴。

❺ 双手五指张开，手指微微弯曲，左手手腕搭在右手手腕后侧。

爱心贴士

没有健康的母亲，亦将不会生出强壮的胎宝宝。手指操不仅灵活了妈妈，也聪明了胎宝宝。

郊 游

走走走，
我们手牵手，
一起去郊游，
蝴蝶飞，
小鸟叫，
松鼠也来了，
郊游真热闹。

手指操 郊 游

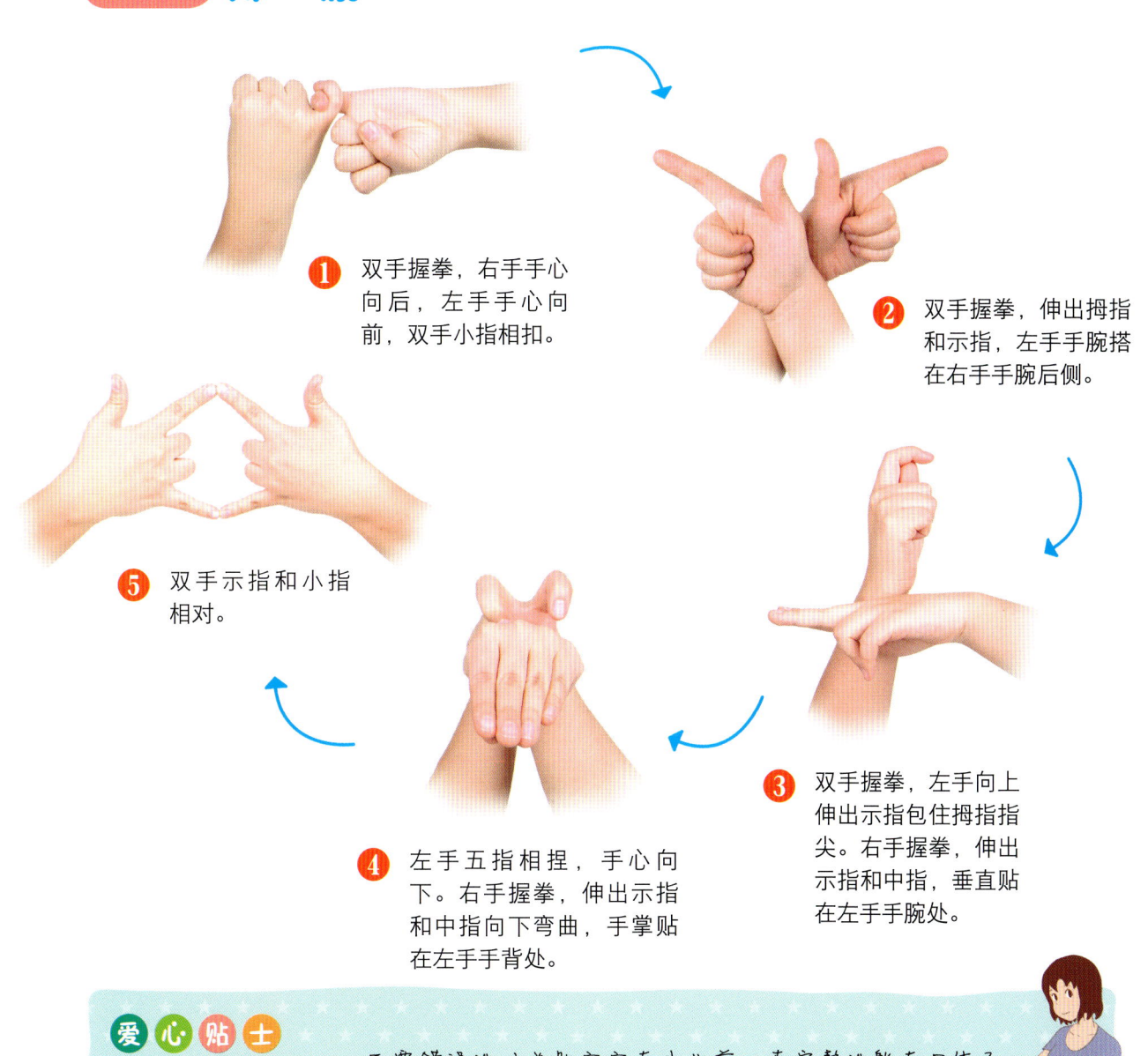

① 双手握拳，右手手心向后，左手手心向前，双手小指相扣。

② 双手握拳，伸出拇指和示指，左手手腕搭在右手手腕后侧。

③ 双手握拳，左手向上伸出示指包住拇指指尖。右手握拳，伸出示指和中指，垂直贴在左手手腕处。

④ 左手五指相捏，手心向下。右手握拳，伸出示指和中指向下弯曲，手掌贴在左手手背处。

⑤ 双手示指和小指相对。

爱 心 贴 士

不要错误地以为胎宝宝在出生前一直安静地躺在母体子宫里睡大觉，直到分娩时才醒来。

135

找朋友

找呀找呀找朋友,
找到一个好朋友,
敬个礼呀,
握握手呀,
你是我的好朋友。

手指操 找朋友

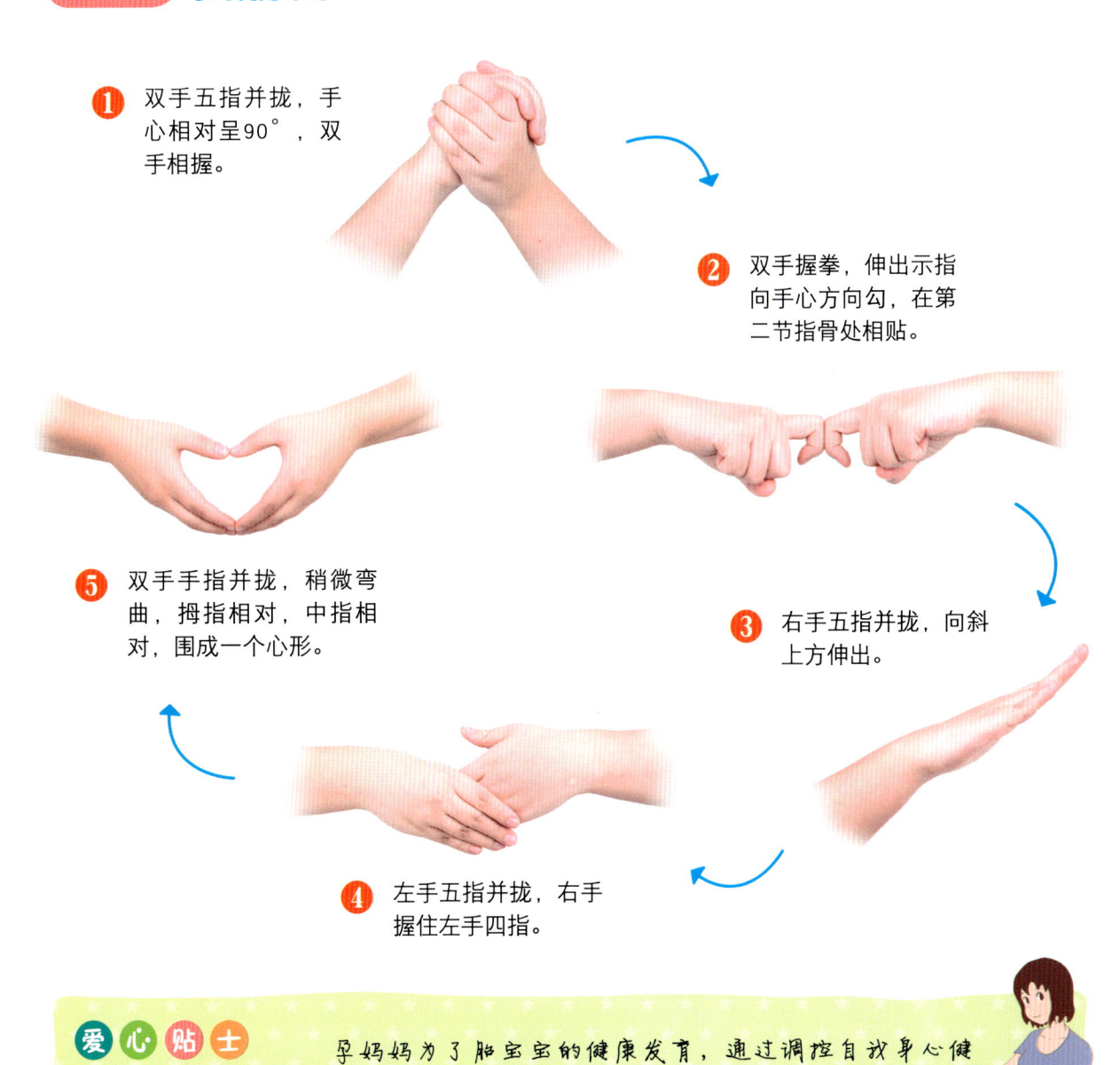

① 双手五指并拢，手心相对呈90°，双手相握。

② 双手握拳，伸出示指向手心方向勾，在第二节指骨处相贴。

③ 右手五指并拢，向斜上方伸出。

④ 左手五指并拢，右手握住左手四指。

⑤ 双手手指并拢，稍微弯曲，拇指相对，中指相对，围成一个心形。

爱心贴士 孕妈妈为了胎宝宝的健康发育，通过调控自我身心健康，为其提供一个很好的内外生长环境，是一件多么神圣的事情。

企 鹅

企鹅,企鹅,
上岸坡,
一摇一摆,
像胖婆。
企鹅,企鹅,
下冰河,
一窜一窜,
像把梭。

手指操 企 鹅

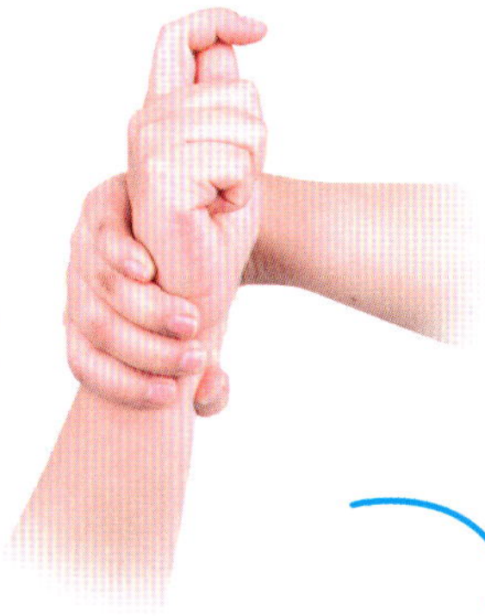

① 右手握拳，示指向上伸出，包住拇指指尖。左手从右手后方包住手腕。

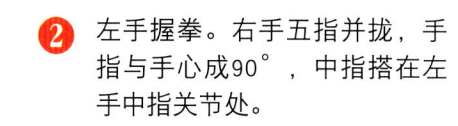

② 左手握拳。右手五指并拢，手指与手心成90°，中指搭在左手中指关节处。

③ 双手手指并拢，手心向后，右手小指与左手示指相贴。

④ 双手握拳，拳面相对，拇指相顶。

⑤ 双手合十，手心相离，向一侧倾斜双手。

爱 心 贴 士

用手指操适当地刺激成长到一定时期的胎宝宝，从而促进他的健康发育，是可以改善胎宝宝素质的科学方法。

小宝宝睡觉

风不吹,树不摇,
大公鸡,不要叫,
小宝宝,要睡觉,
自己躺在摇篮里,
迷迷糊糊睡着了。

手指操　小宝宝睡觉

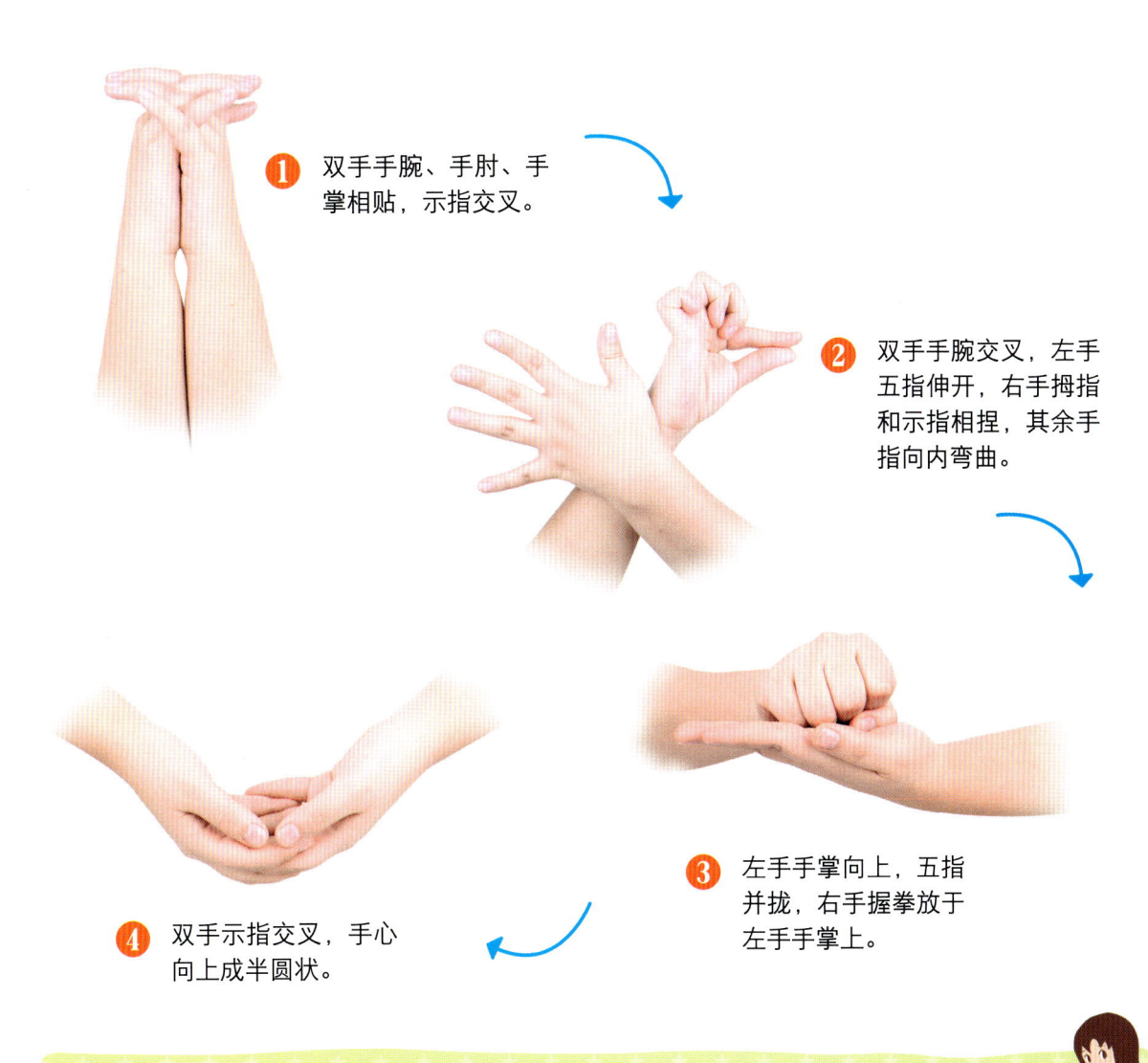

① 双手手腕、手肘、手掌相贴，示指交叉。

② 双手手腕交叉，左手五指伸开，右手拇指和示指相捏，其余手指向内弯曲。

③ 左手手掌向上，五指并拢，右手握拳放于左手手掌上。

④ 双手示指交叉，手心向上成半圆状。

爱心贴士

胎教的真谛在于激发胎儿内部的潜力，不要以为只要是胎教就可以创造奇迹。

天气歌

呼呼呼,
刮风了,
咔嚓嚓,
闪点了,
轰隆隆,
打雷了,
哗啦啦,
下雨了。

手指操 天气哥

① 双手五指张开，左手中指放在右手手腕处。

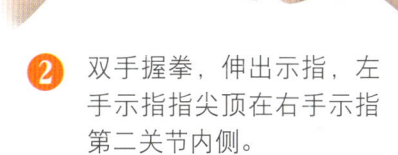

② 双手握拳，伸出示指，左手示指指尖顶在右手示指第二关节内侧。

③ 双手五指并拢，向手心微微弯曲，扣成碗状。

④ 双手五指张开，手掌向前，拇指垂直地面。

爱心贴士

手指操的运动，通过母体传达给胎宝宝，有利于胎儿在智慧、个性、感情、能力等方面的发育。

大瀑布

大山爷爷，
在雨里洗澡，
好大好大的白毛巾，
从山顶挂到山脚。
擦擦他的背，
擦擦他的腰，
擦掉了灰垢，
擦去了疲劳，
擦得大山爷爷哈哈笑。

手指操 **大瀑布**

❶ 双手握拳，各自伸出示指和中指并拢，右手指腹搭在左手指甲上。

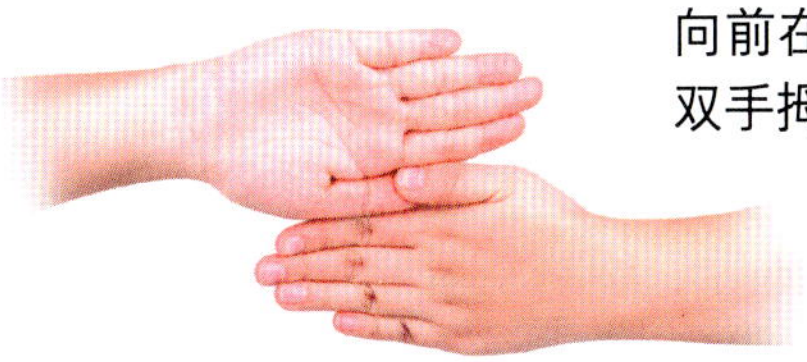

❷ 双手五指并拢，左手手心向后，右手手心向前在一个平面上，双手拇指相贴。

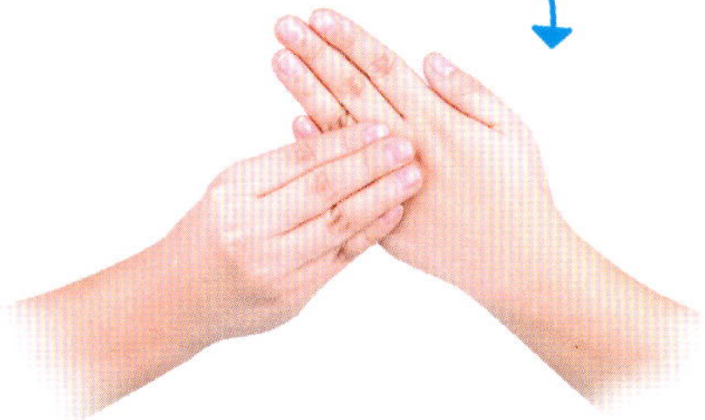

❸ 左手姿势不变，向斜上方伸出，右手抓住左手无名指和小指与手掌连接处。

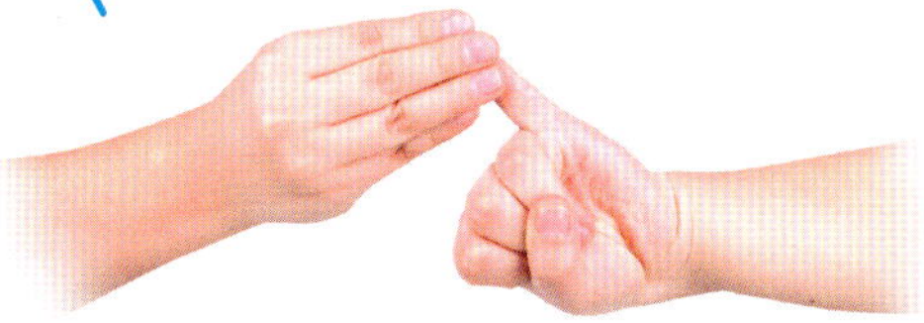

❹ 左手握拳，向斜上方伸出小指。右手五指握住左手小指。

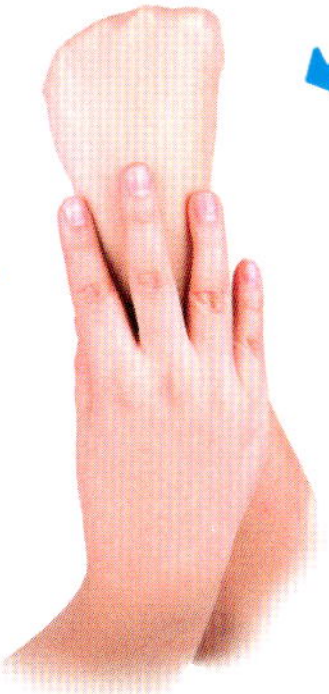

❺ 左手握拳，垂直向下。右手手指向上，五指抓住左手手腕。

❻ 双手握拳，手心向前，伸出拇指，拇指相顶。

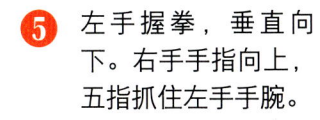

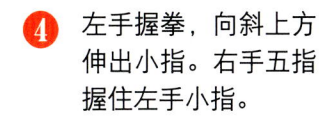

爱心贴士

受过胎教的胎宝宝心理行为健康，这些宝宝一般情绪比较稳定。

幼儿园是我家

幼儿园是我家,
你帮我,我帮她,
兄弟姐妹是一家,
老师爱我我爱她,
老师夸我好娃娃,
我说老师像妈妈。

手指操 幼儿园是我家

① 双手合十，五指分开，手心相离。

② 左手五指并拢，手指向上。右手握拳，伸出拇指，掌面贴在左手手心。

③ 双手五指并拢，手心向下，右手放在左手之上，拇指交叉。

④ 双手合十，处拇指外的其余四指向手心弯曲，形成心形。

爱心贴士

孕妈妈经常做手指操，宝宝的抬头、翻身、坐、爬、站、走都比较早，而且动作敏捷、协调。

小刺猬理发

小刺猬，去理发，
嚓嚓嚓，嚓嚓嚓，
理完头发瞧瞧他，
不是小刺猬，
是个小娃娃。

手指操 小刺猬理发

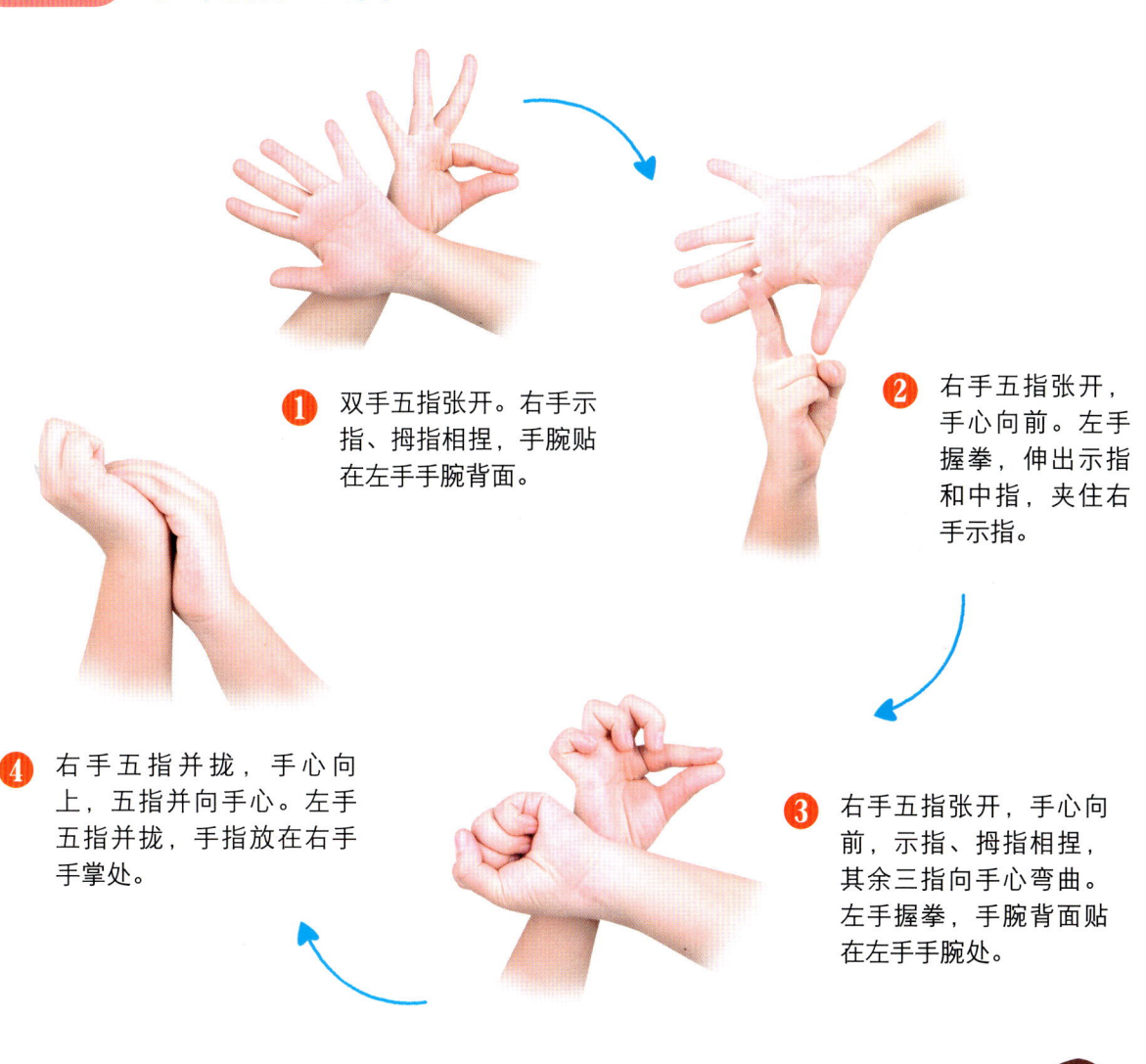

❶ 双手五指张开。右手示指、拇指相捏，手腕贴在左手手腕背面。

❷ 右手五指张开，手心向前。左手握拳，伸出示指和中指，夹住右手示指。

❸ 右手五指张开，手心向前，示指、拇指相捏，其余三指向手心弯曲。左手握拳，手腕背面贴在左手手腕处。

❹ 右手五指并拢，手心向上，五指并向手心。左手五指并拢，手指放在右手手掌处。

爱心贴士

孕妈妈边做手指操边和胎宝宝说话，可以促进胎宝宝的感官发育。

149

袋 鼠

小袋鼠,上学堂,
总把书包丢一旁,
妈妈织个大口袋,
放到他的肚子上,
不再担心丢书包,
袋鼠挺起小胸膛。

手指操 袋 鼠

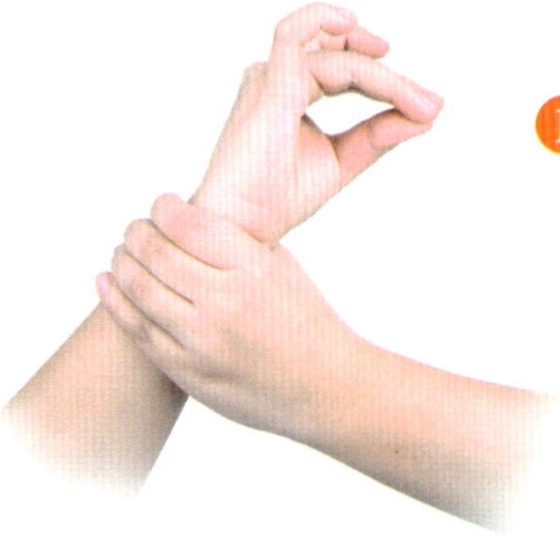

① 右手五指张开，手指弯曲，拇指、中指和无名指相捏。左手握住右手手腕。

② 双手十指交叉，握成球状，拇指相顶，示指相顶。

③ 左手五指并拢，手指向上。右手五指并拢，弯曲成口袋状，贴在左手手掌处。

④ 右手如步骤"1"。左手握拳，拳眼贴在右手手腕处。

爱心贴士 美国的一个研究小组通过长期的观察和实验，得出了"人类智力只有48%受遗传因素影响，剩余52%与胎内环境有关"的论断。

金锁银锁

金锁银锁，
咔嚓一锁，
锁住了，
打不开。
金锁银锁，
吧嗒一开，
打开了，
请进来。

手指操 金锁银锁

① 双手握拳，手心相对，伸出示指相贴，拇指的指尖顶在示指的指腹上。

② 在步骤"1"的基础上，双手示指和拇指相捏套在一起。

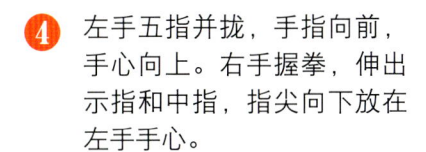

③ 在步骤"2"的基础上，右手示指和拇指张开拿出。

④ 左手五指并拢，手指向前，手心向上。右手握拳，伸出示指和中指，指尖向下放在左手手心。

爱心贴士

我们应当清楚地意识到，一旦错过胎教的好机会就再没有挽回的可能了。

我和妈妈的手

我和妈妈俩,
都有一双手,
都有手心和手背,
都有十个手指头。
我要自己系鞋带,
我要自己扣纽扣,
再帮妈妈扫扫地,
好让妈妈歇歇手。

手指操 我和妈妈的手

1. 右手握拳，向上伸出拇指。左手握拳，向上伸出小指，两手相贴。

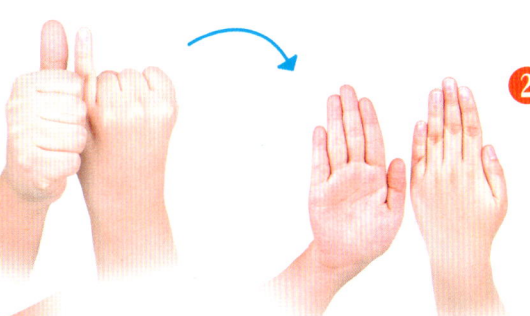

2. 双手五指并拢，手指向上，左手手心向后，右手手心向前。

3. 双手五指张开，手心向前。

4. 在步骤"3"的基础上，手心向后，除拇指外其他手指相互交叉。

5. 双手合十，中指绕过示指相顶。

6. 左手握拳，向下伸出示指、中指和无名指。右手横向抓住左手手腕。

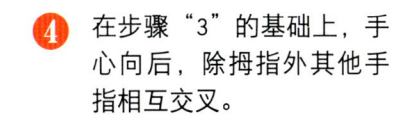

7. 双手五指并拢，微弯，左手搭在右手手背上。

爱心贴士 只有从制定怀孕计划时做出胎教计划，才能使胎教获得最真实、最明显的效果。

155

玩皮球

妈妈买个皮球,
上面画个小猴。
我来拍拍皮球,
小猴翻个跟头。

手指操 玩皮球

① 双手五指并拢，左手在上，右手在下，形成握雪团的形状。

② 双手五指并拢弯成碗状，左手挠右手手背，做小猴的样子。

③ 双手姿势不变，手心向下，手指向前。

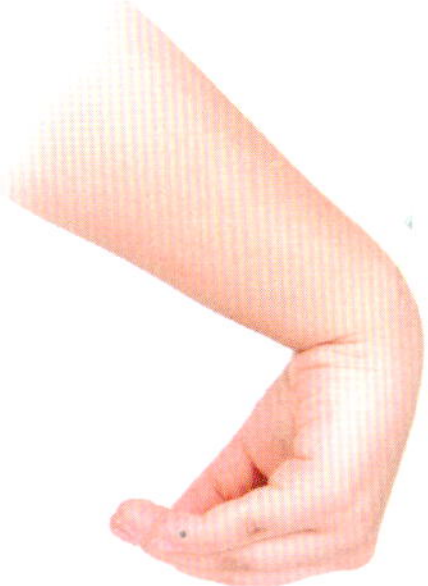

④ 左手收回，右手姿势不变，手心向后。

爱心贴士

孕妈妈不要刻意、盲目地进行胎教，胎宝宝的接受能力取决于母亲的用心程度，胎教的最大障碍是母亲心情亲乱、不安。

157

好孩子起得早

勤劳的小鸟起得早,
拍拍翅膀学飞高。
勤劳的小鸡起得早,
伸伸脖子喔喔叫。
勤劳的孩子起得早,
跑步做操身体好。

手指操 好孩子起得早

① 右手握拳，伸出示指与拇指相捏。左手五指并拢，手心贴在右手手腕处。

③ 右手握拳，向下伸出示指和中指，弯曲成跑步的姿势。

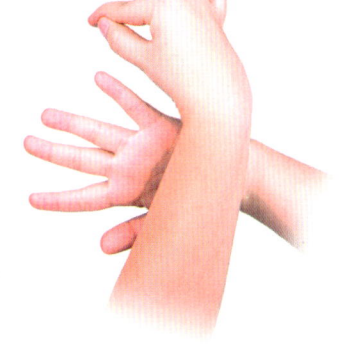

② 右手五指张开，示指与拇指相捏，其余三指向手心弯曲。左手五指分开，手心贴在右手手腕内侧。

爱心贴士 孕妈妈在每天早上起床时、中午休息前、晚上临睡时，各进行一次这样的手指操，妊娠期间动辄焦躁的精神状态可以得到改善。

妈妈爱唱歌

妈妈爱唱歌,整天笑呵呵;
亲我小脸蛋,唱支宝贝歌;
和我做游戏,唱支欢乐歌;
陪我去睡觉,唱支摇篮歌。
这支歌,那支歌,
唱得我心里乐呵呵。

手指操 **妈妈爱唱歌**

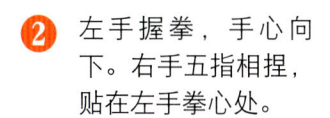

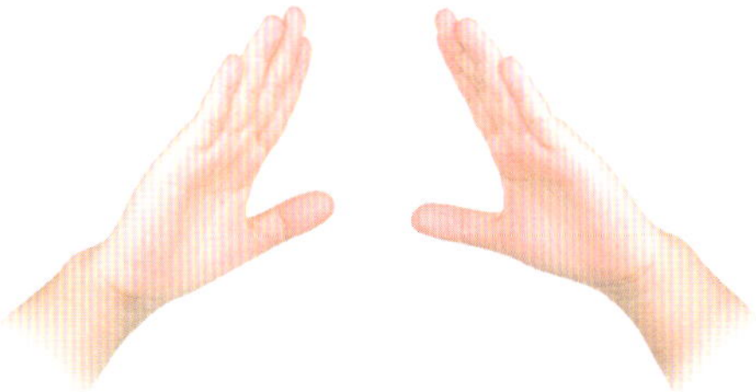

❶ 双手五指并拢，手指向上，拇指打开。

❷ 左手握拳，手心向下。右手五指相捏，贴在左手拳心处。

❸ 双手握拳，伸出拇指。左手拇指向上。右手手心向下，拇指指腹贴在左手拇指指甲处。

❹ 双手合十，向右侧倾斜。

❺ 双手五指并拢，略微弯曲，示指与拇指相捏贴在一起，其余手指也贴在一起。

爱心贴士 胎宝宝确有接受教育的潜在奇能，主要是通过中枢神经系统与感觉器官来实现的。

捶捶背

小板凳，不要歪，
让我爸爸坐下来，
我给爸爸捶捶背，
爸爸你还累不累？
不累不累我不累，
你是爸爸的好宝贝。

手指操 捶捶背

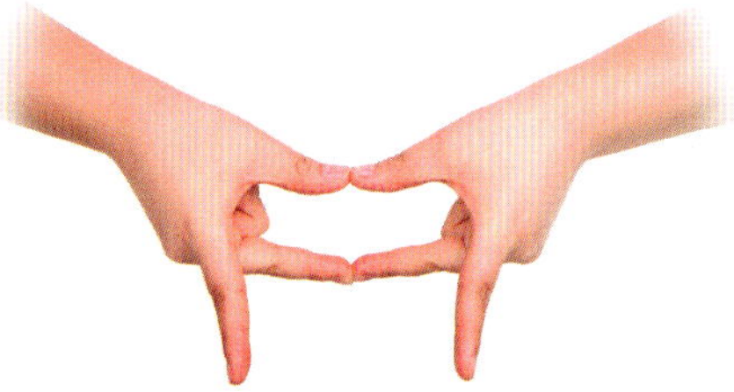

① 双手握拳，伸出拇指、示指和中指。拇指与拇指相贴，中指与中指相贴，示指向下伸出。

② 在步骤"1"的基础上，收回拇指。

③ 左手五指并拢，手指微弯。右手握拳，伸出示指勾回，放在左手手背上。

④ 双手握拳，手心向下，伸出示指和中指，相互交叉。

⑤ 双手五指并拢，左右手相握。

爱心贴士 胎宝宝受到母亲双手轻轻地抚摸之后，亦会引起一定的条件反射。这时候正适合做手指操，可以点着自己的肚皮和宝宝一起做。

163

牵牛花

叶儿像巴掌，
藤儿长又长，
缠上竹竿竿，
爬上高围墙，
挂着小喇叭，
不说也不唱，
看着真漂亮，
闻着阵阵香。

手指操 牵牛花

① 双手五指伸直，拇指向内相扣，拇指处相贴。

② 双手握拳，伸出示指，左手示指与右手示指相扣成90°。

③ 五指伸开，手腕相贴，做开花状。

④ 双手做兰花指状，拇指相贴。

爱心贴士 孕妈妈可以通过看、听、体会，享受着世界上各种各样的美，而胎宝宝无法看到、听到、体会到这一切，所以孕妈妈要通过自己的语言，将美的事物传送给胎宝宝。

百花开

菊花开,卷头发,
荷花开,大碗碗,
梅花开,红点点,
烟花开,亮天边,
牵牛花开,吹喇叭。

手指操 百花开

① 双手五指自然向上伸出，拇指和小指相扣。

② 双手握拳，拇指和示指相对成圆形。

③ 拇指与示指相扣，其余手指依次放于前一个手指。

④ 五指伸开，手腕相贴，做开花状。

⑤ 手腕相贴，五指伸开后自然向内弯曲。

爱心贴士

腹中的胎儿虽然看不见母亲的表情，却能感受到母亲的喜怒哀乐。

167

种 豆

小河边，水清清，
青蛙妈妈来种豆。
一颗豆，两颗豆，
种下许多黑豆豆。
黑豆长出小尾巴，
一颗一颗都会游，
原来是群小蝌蚪。

手指操 种 豆

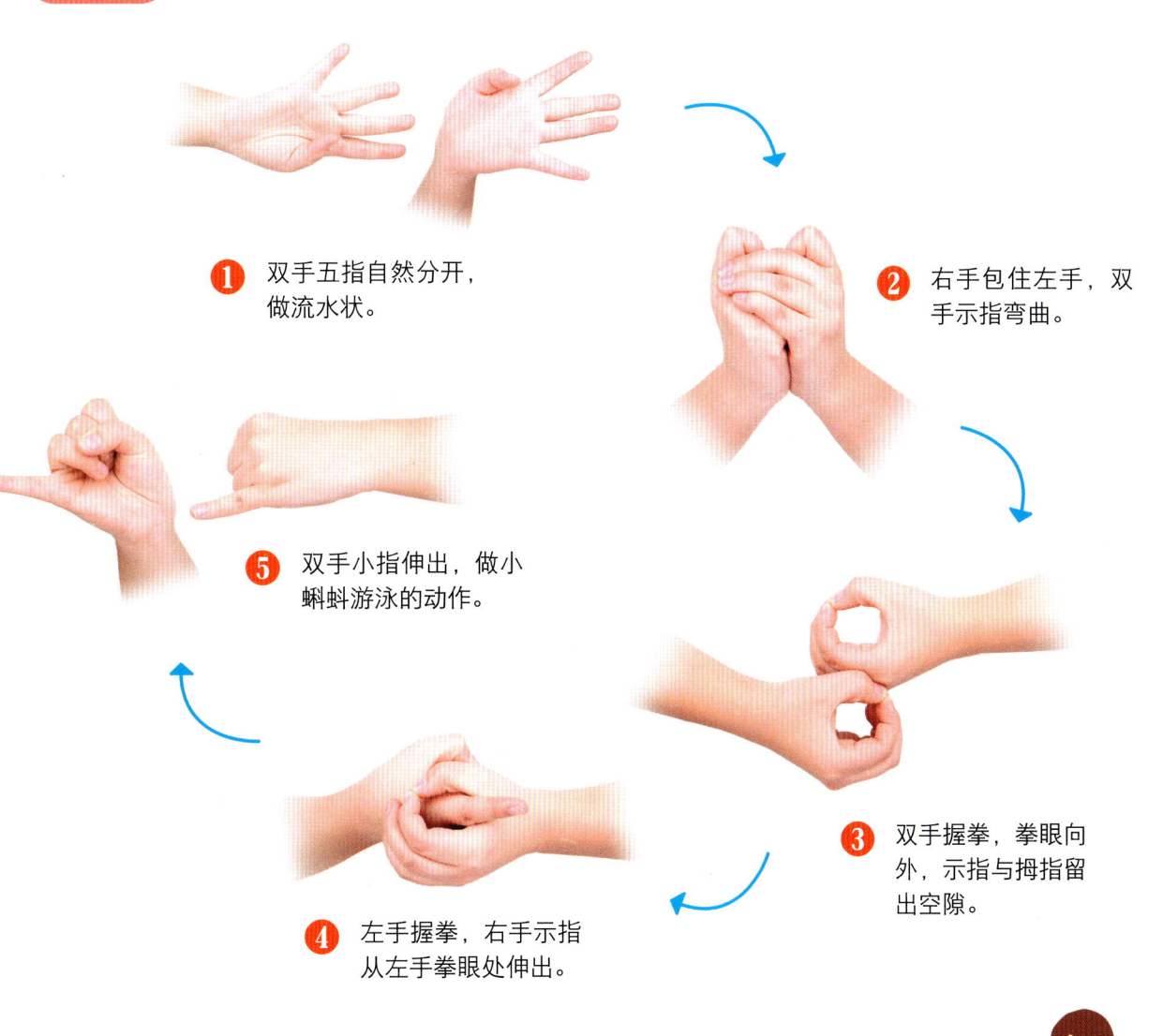

① 双手五指自然分开，做流水状。

② 右手包住左手，双手示指弯曲。

③ 双手握拳，拳眼向外，示指与拇指留出空隙。

④ 左手握拳，右手示指从左手拳眼处伸出。

⑤ 双手小指伸出，做小蝌蚪游泳的动作。

爱心贴士

如果孕妈妈长期情绪波动，就可能造成胎儿畸形。手指的运动可以平静孕妈妈的情绪。

好朋友

小刺猬，走走走，
碰到一个好朋友，
叫他不吱声，
拉他他不走，
咦？哈哈，
原来是个仙人球。

手指操 好朋友

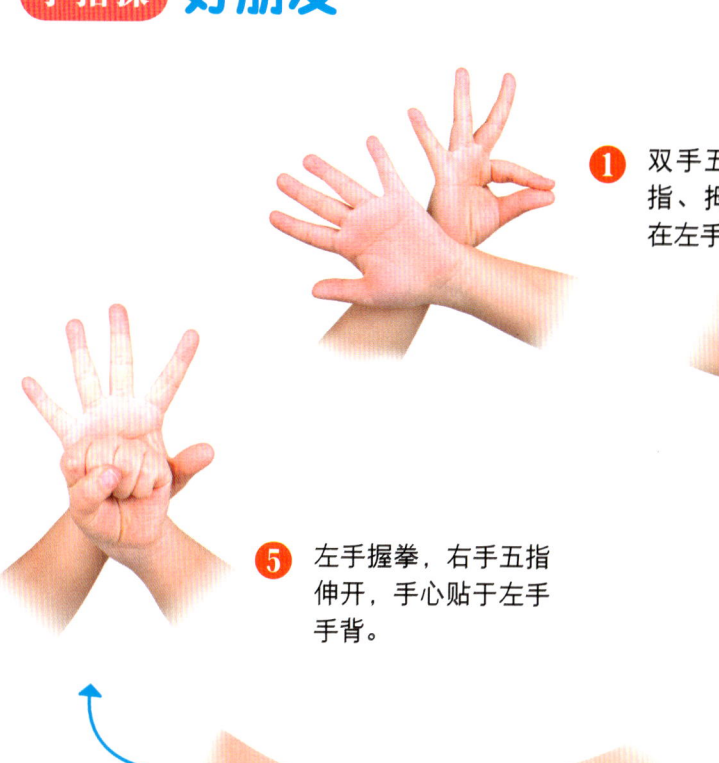

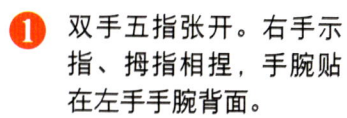

① 双手五指张开。右手示指、拇指相捏,手腕贴在左手手腕背面。

② 双手手心向下,自然弯曲,左手放于右手上。

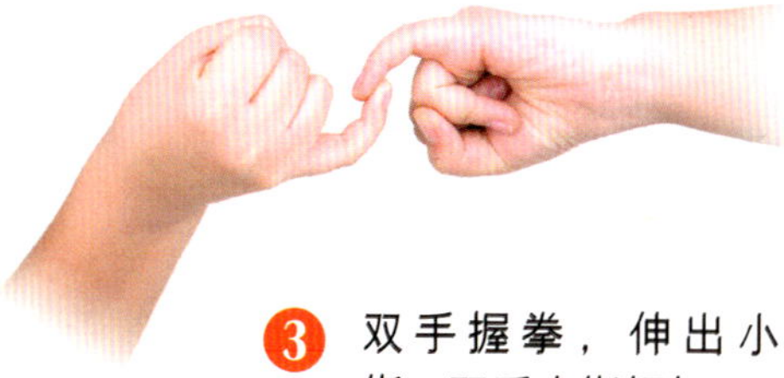

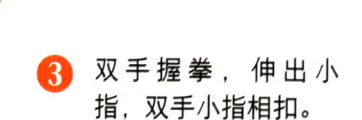

③ 双手握拳,伸出小指,双手小指相扣。

④ 双手手指并拢,稍微弯曲,拇指相顶,中指相对,围成一个心形。

⑤ 左手握拳,右手五指伸开,手心贴于左手手背。

爱心贴士

手指操是孕妇最适宜的运动,它不受条件限制,可以自由进行。

三只熊

有三只熊住在一起，
熊爸爸、熊妈妈、熊宝宝，
熊爸爸胖胖的，
熊妈妈很苗条，
熊宝宝非常可爱，
每天在一起真幸福。

手指操 三只熊

① 右手握拳，伸出示指和小指，向下弯曲。右手成半包围状贴于右手手腕处。

② 右手保持步骤"1"的动作，左手手指伸开，五指并拢贴于右手手腕处。

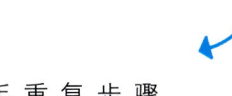

③ 双手重复步骤"1"右手动作。

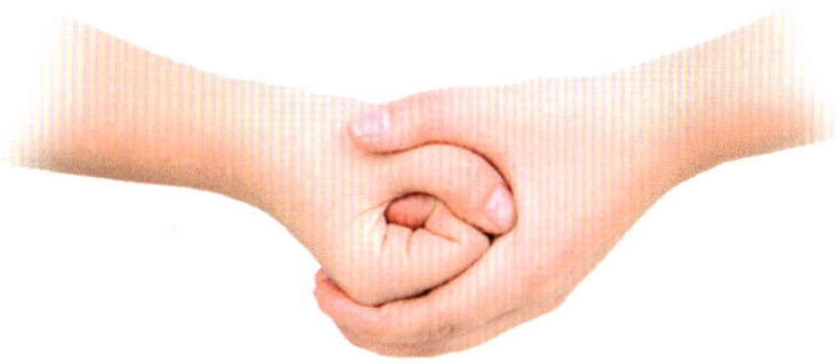

④ 右手握拳，拳眼向前，左右手握住右手。

爱心贴士

孕妈妈做手指操要注意力集中，完全投入，与胎宝宝共同体验，达到与胎宝宝的身心共振共鸣。

秋风来

秋风吹,树枝摇,
红叶黄叶往下掉。
红树叶,黄树叶,
片片飞来像蝴蝶。

手指操 秋风来

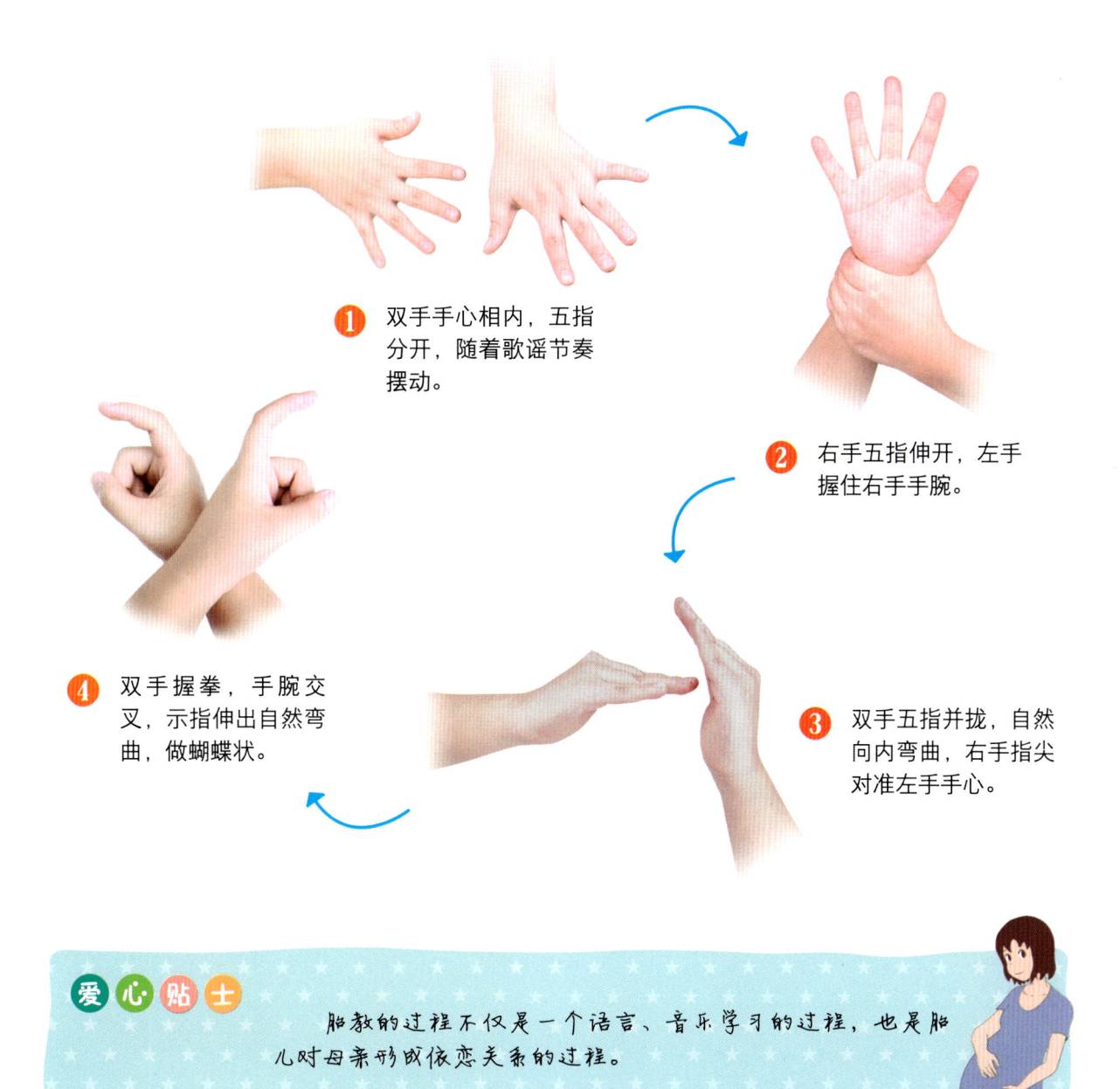

❶ 双手手心相内，五指分开，随着歌谣节奏摆动。

❷ 右手五指伸开，左手握住右手手腕。

❸ 双手五指并拢，自然向内弯曲，右手指尖对准左手手心。

❹ 双手握拳，手腕交叉，示指伸出自然弯曲，做蝴蝶状。

爱心贴士

胎教的过程不仅是一个语言、音乐学习的过程，也是胎儿对母亲形成依恋关系的过程。

藏猫猫

藏呀藏，藏猫猫，
我数数，你来藏，
桌子下，大树上，
柜子里，屋子后，
到处都没有，
回家吃肉肉。

手指操 藏猫猫

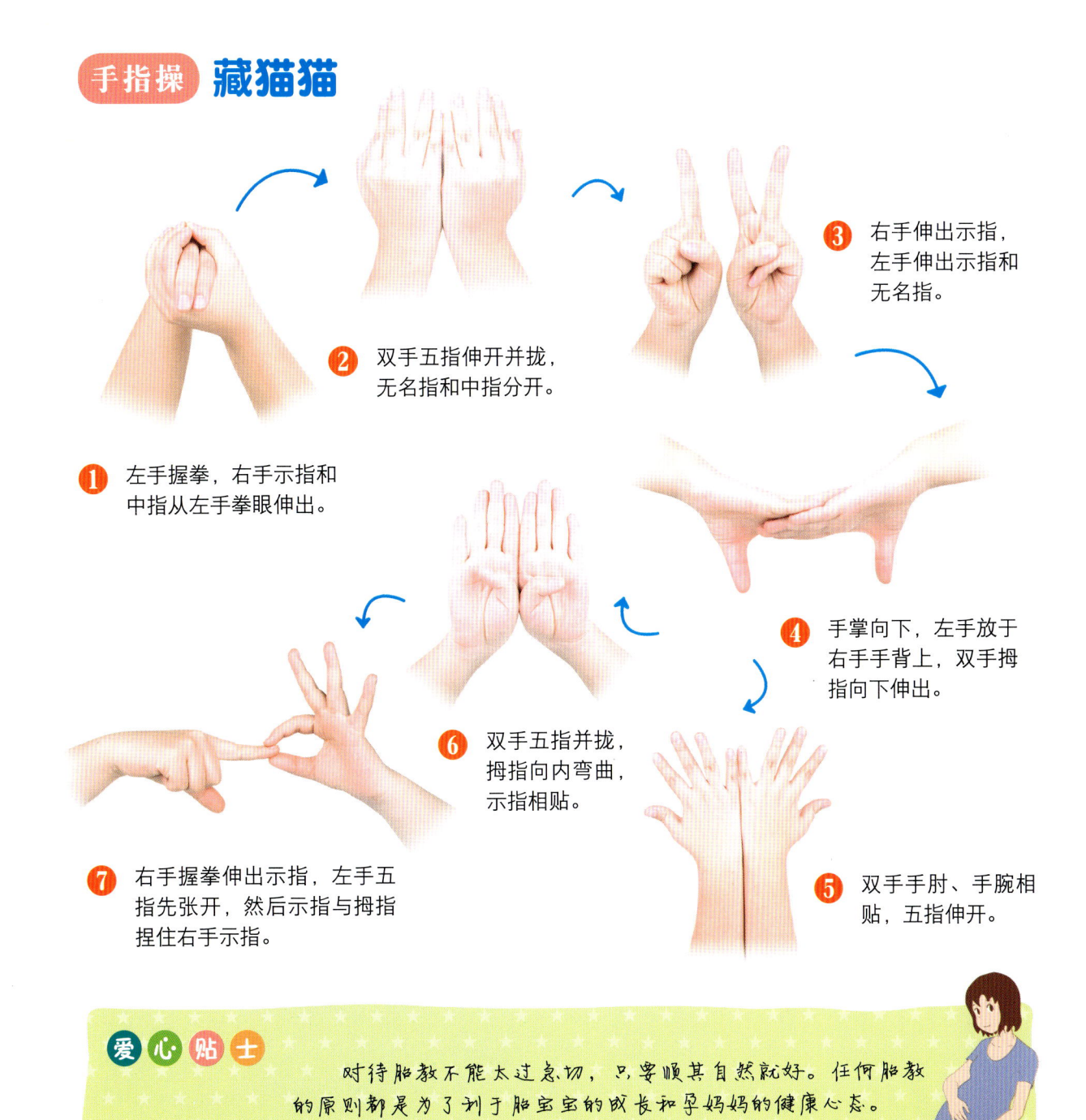

① 左手握拳，右手示指和中指从左手拳眼伸出。

② 双手五指伸开并拢，无名指和中指分开。

③ 右手伸出示指，左手伸出示指和无名指。

④ 手掌向下，左手放于右手手背上，双手拇指向下伸出。

⑤ 双手手肘、手腕相贴，五指伸开。

⑥ 双手五指并拢，拇指向内弯曲，示指相贴。

⑦ 右手握拳伸出示指，左手五指先张开，然后示指与拇指捏住右手示指。

爱心贴士 对待胎教不能太过急切，只要顺其自然就好。任何胎教的原则都是为了利于胎宝宝的成长和孕妈妈的健康心态。

新书推荐
XINSHUTUIJIAN

《孩子生了病，妈妈怎么办》
定价：39.90元

《没有不好带的宝宝》
定价：39.90元

《经典胎教全书》
定价：45.00元

《安心育儿图解百科》
定价：39.90元

《安心怀孕图解百科》
定价：39.90元

《怀孕心经》
定价：39.90元